신경제의 신화와 현실

The New Economy:
Myth and Reality

신경제의 신화와 현실

더그 헨우드 외 지음 / 국제연대정책정보센터 옮김

Ɛ
2001

옮긴이 · 국제연대정책정보센터(PICIS)

1997년 8월 신자유주의 세계화에 맞선 실천적 국제연대를 모색하기 위해 설립되었다. 해외 운동진영에 우리 나라 진보운동 소식을 정기적으로 알리는 한편 진보적 시각의 해외 뉴스를 소개하기 위해 『PICIS Newsletter』(영문판/격주간)와 『인터내셔널뉴스』(한글판/주간)를 발간하고 있다. 옮긴 책으로는 『전쟁이 끝난 후: 코소보를 둘러싼 나토의 발칸전쟁이 남긴 것들』(이후 2000), 『지구화 시대의 전세계 노동자』(문화과학 2000), 『노동운동과 인터넷』(한울 1998), 『IMF의 아시아 호랑이 길들이기』(문화과학 1998), 『신자유주의, IMF 그리고 국제연대』(문화과학 1998) 등이 있다. 웹사이트: http://picis .jinbo.net

신경제의 신화와 현실

ⓒ Monthly Review Press 2001

지은이 더그 헨우드 외
옮긴이 국제연대정책정보센터
펴낸이 이일규
펴낸곳 도서출판 이후
편 집 김정한 정철수
디자인 장문정
마케팅 김현종

등 록 1998. 2. 18(제13-828호)
주 소 121-816 서울시 마포구 동교동 113-82 기평빌딩 2층
전 화 02-3143-0915(편집) 02-3143-0905(영업)
팩 스 02-3143-0906
홈페이지 http://www.e-who.co.kr 이메일 ewho@e-who.co.kr

첫번째 찍은 날 2001년 8월 17일
ISBN 89-88105-39-7 04300 / ISBN 89-88105-00-1(세트) / 값 8,500원
* 잘못된 책은 바꿔 드립니다.

우리는 신경제의 호황과 불황뿐만 아니라 이제껏 경험해보지 못한 부의
양극화, 세계화의 만연, 그리고 상대적으로 소수의 전세계-독점 기업들에
의한 세계 시장 접수 확대를 목표로 하는 사상 최대의 합병 물결 등 극적인
새로운 발전들이 특징을 이루는 전례 없는 상황을 살아가고 있다. 우리는
이러한 급변하는 상황 아래 무슨 일이 벌어질지를 예측하려 하기보다는
이것이 자본 축적과 위기의 현상임을 인식하면서 미래의 발전 과정에서
두드러진 특징이 될 주요한 모순과 경향들을 계속 주시해야만 한다.

— *Monthly Review*

차례

※ 일러두기

1. 이 책은 『먼슬리 리뷰 *Monthly Review*』(2001년 4월)의 특집 면을 단행본으로 묶어 옮긴
   것이다.
2. 한글 전용을 원칙으로 하되, 이해를 돕기 위해 한글 다음에 한자나 외국어를 병기했다.
3. 단행본, 전집, 간행물에는 겹낫쇠(『 』)를, 논문, 기고문, 문서 등에는 홑낫쇠(「 」)를,
   단체 이름에는 단꺽쇠(< >)를 사용하였다.
4. 원서에서 강조한 부분은 고딕체로 표기하였다.
5. 본문에 들어 있는 '[ ]' 안의 내용은 옮긴이가 이해를 돕기 위해 덧붙인 것이다.
6. 옮긴이가 이해를 돕기 위해 덧붙인 주는 [옮긴이]로 표시하여 각주로 달았다.

머리말
신경제의 신화와 현실

지난 몇 년간 '신경제'라는 사고가 널리 통용되면서, 그것은 우리 시대를 특징짓는 신조어로 '세계화'와 앞을 다투고 있다. 그리하여 『2001년 대통령 경제 보고서 *The Economic Report of the President 2001*』는 "지난 8년간 미국 경제는 근본적으로 변화되어 이제 많은 이들이 신경제의 탄생을 목도하고 있다고 믿게 되었다"는 말로 시작하고 있다. 이 신경제는 무엇보다도 디지털 기술 혁명 및 인터넷의 성장과 가장 밀접하게 결부된 기업 및 경제 부문으로 구성되는 것으로 간주된다. 정보기술 —— 컴퓨터, 소프트웨어, 위성, 광섬유, 인터넷 등 ——로의 급속한 수렴으로 경제 풍경이 근본적으로 바뀌었다는 것이다. 1990년대 중반 이래 이러한 혁명적 기술 발전이 경제 전반으로 확산되어 고도의 생산성 성장, 지속적인 경제 성장 가속화, 실업 저하, 낮은 인플레, 경기 순환 감소 등을 낳았다고 많은 사람들이 주장한다.

많은 이들에게 신경제의 초점은, '밀레니엄 호황'으로 알려진 시기 동안 아찔한 고도까지 주식시장 투기를 끌어올린 기술 주식의 고공비행이었다. 기업들은 (비록 2000년 하반기에 기술 주식이 급락하면서 불안이 확산되긴 했지만) 이러한 고공비행이 단순한 투기 거품이 아니라 신경제가 제공한 기회에 대한 계산된 반응이라고 그럴 듯하게 설명했

다. 한편 사상 유례가 없는 기업 합병이라는 새로운 거대한 파고 ──
이를 떠받쳐준 두 가지 공리는 세계화와 신경제의 등장이다 ── 가
일어났다.

　　미국 연방준비제도이사회 Federal Reserve[정식 명칭은 Board of
Governors of the Federal Reserve System; 이하 연준] 의장 앨런 그린스펀만
큼 신경제 테제의 강력한 주창자도 없다. 2000년 7월 11일 전국주지사협
회 National Governors' Association를 대상으로 한 "신경제의 구조적 변화"
에 관한 연설에서 그린스펀은 "현 시기를 이전 수십 년간과 그토록
다르게 보이도록 만드는 것은 다름 아닌 경제 전반에 걸친 정보기술의
확산이다 … 정보기술 혁신의 급속한 진행이 낳은 한 가지 결과는 저명
한 경제학자 조셉 슘페터가 오래 전에 '창조적 파괴' ── 태동하는
기술이 낡은 기술을 밀어내는 계속적인 순환 ── 라 이름붙인 과정의
가시적인 가속화이다"라고 주장하였다. 신경제의 강점 가운데 하나는
극초 시간 내에 정보의 흐름을 만들어낼 수 있는 기업들의 능력으로,
이를 통해 "불필요한 재고를 줄이고 노동 및 자본의 과잉을 없앨 수
있다." 2000년 3월 6일 보스턴 칼리지 Boston College에서 행한 "정보기술
의 혁명"이라는 연설에서 그린스펀은 "90년대 중반까지만 해도 기업들
이 정보기술에 쏟아 부은 수십억 달러는 경제 전반에 거의 아무런 흔적
도 남기지 않은 것처럼 보였다"고 피력했다. 그러나 1995년을 기점으로
상황이 바뀌었으며 디지털 기술의 범람 효과 spillover effect가 구경제
부문들을 혁명적으로 변화시키고 신경제를 보다 보편적인 현상으로
만들고 있다고 했다. "한 예로, 컴퓨터 설계는 자동차에서부터 민간
항공기, 초고층 빌딩에 이르는 갖가지 제품을 디자인하는 데 필요한
시간과 비용을 극적으로 줄였다."[1]

  신경제는 또한 노동력 유연화 —— 노동조합으로 조직되지 않고 이동성이 높은 적시 노동자 just-in-time workers로 때로는 새로운 직무 숙련을 구현한다 —— 의 진전과도 결부된다. 2000년 7월 그린스펀은 노동조합 조직률이 높은 유럽이나 일본의 노동력과 미국 노동자들을 비교하면서 "상대적으로 유연하지 않고 따라서 비용이 많이 드는 이들 경제의 노동시장"이 이 지역에서 신경제의 발전 속도가 느린 이유를 밝혀주는 "중요한 요인으로 보인다"고 언급했다. "미국의 신기술이 제공하는 높은 수익률은 대부분 생산 단위당 노동 비용을 줄인 결과이다. 유럽과 일본의 경우 동일한 신기술에서 투자에 대한 수익률은 당연히 낮다. 기업의 노동자 대체 비용이 우리보다 높기 때문이다."

  축적에 자극을 가하는 것으로서 경제 내에 역동적인 정보기술 부문의 도래라는 점에서, 신경제의 존재는 의심받지 않는다. 분명 신경제의 존재는 자본주의 역사에서 특징적인 무언가를 구성한다. 그러나 신경제와 관련된 두 가지 생각에는 의문의 여지가 있다. 첫째, 신경제는 경제 전반에 미친 효과에서 볼 때 증기기관이나 자동차의 도입에 비견될 만한 새로운 기술-산업 혁명을 구성한다는, 그리고 신경제의 모양에 따라 구경제 전체를 개조하며 항구적인 높은 생산성이라는 새로운 시대로 인도한다는 주장이다. 『포천 *Fortune*』(1998년 6월 8일자)에 따르면, 컴퓨터 "칩은 이미 적어도 내연기관이나 전기모터만큼 우리의 삶에 침투하여 이를 변형시켰다." 둘째, 흔히 신경제가 경기 순환을 완전히 종식하지는 못했더라도 감소시켰다는 주장이다. 그리하여 토마스 페친거 Jr. Thomas Petzinger Jr.는 『월스트리트 저널 *Wall Street Journal*』(1999년 12월 31일자)에서 "경기 순환 —— 산업시대의 창조물 —— 이 시대착오적인 것이 되었음은 당연하다"고 언급하였다. 이제 이 글에서는 어느

쪽에 치우치지 않고 이 두 주장을 살펴볼 것이다.

새로운 산업 혁명 ?

경제 전반에 이르는 신경제 부문의 중요성에 관한 생각은 2000년 3/4분기 동안 정보기술이 국내총생산(GDP)의 6% 정도만을 차지했음에도 1995년 이후 총 경제 성장의 4분의 1 정도가 전자통신과 이 부문에 기인한다는 사실에서 엿볼 수 있다.[2]

아래의 표에서 보듯이, 산업 설비 및 소프트웨어 총투자(총 민간 비주거 고정 투자에서 구조물 투자를 뺀 것)에서 정보기술 투자가 차지하는 비율은 1980년의 3분의 1 이하에서 2000년의 2분의 1 이상으로 높아졌다.

[표 1] **1980~2000년 미국 경제의 정보기술 투자** (단위: 억 달러)

연도	(1) 산업 설비 및 소프트웨어 총투자	(2) 정보처리 설비 및 소프트웨어 투자[a]	(2)÷(1) (%)
1980	2,270	696	30.7
1985	3,343	1,308	39.1
1990	4,278	1,761	41.2
1995	6,205	2,620	42.2
1999	9,174	4,330	47.2
2000[b]	10,369	5,321	51.3

a 컴퓨터, 소프트웨어, 기타 정보처리 설비 포함.
b 2000년 데이터는 4사분기 추정치를 포함한 예상치.
출처: *Economic Report of the President, 2001,* 표 B-18, 296쪽; *Survey of Current Business,* January, February 2001, National Income and Product Accounts, 표 5.4.

　그렇다면 우리는 (증기기관을 중심으로 한) 18세기 말에 시작된 1차 산업 혁명이나 (자동차와 전력을 중심으로 한) 20세기 초에 시작된 2차 산업 혁명에 상응하는 새로운 산업 혁명을 목격하고 있는 것일까? 신경제라는 사고를 팔아바치는 많은 장사치들에게 이는 단지 새로운 산업 혁명일 뿐만 아니라 경기 순환 등 모든 경제 법칙을 무력화하면서 예측 가능하고 끝이 없는, 급속한 장기 성장을 가리키는 것이다.

　그러나 실제 사실들은 이러한 과대선전 가운데 어떤 것도 뒷받침하지 않는다. 이와 관련하여 컴퓨터를 생산하는 부문과 이들 생산물이 비즈니스 경제에서 사용되는 곳을 구분하는 게 유용하다. 널리 퍼져 있는 견해와는 달리 컴퓨터들은 모든 사업 부문에서 동일하게 사용되지 않는다. 컨퍼런스 보드 Conference Board* 의 경제학자인 로버트 H. 맥거킨 Robert H. McGuckin과 케빈 스타이로 Kevin Stiroh는 가장 집약적으로 컴퓨터를 사용하는 8개 민간 경제 부문 —— 각각 자기 자본의 4% 이상을 컴퓨터 형태로 보유하고 있다 —— 을 분석한 바 있다. 여기에는 3개의 서비스 부문 —— 무역, FIRE[금융, 보험, 부동산 finance, insurance, real estate의 머릿글자를 딴 약어], 기타 서비스 —— 과 5개의 제조업 부문 —— 비 非전기기계, 전기기계, 인쇄출판, 정밀기구, 석재·점토·유리 —— 이 포함된다. 1991년 현재 이들 산업 각각이 차지하는 경제 내의 총 부가가치 비율과 사업 내 컴퓨터 자본 투입량의 비율은 [표 2]와 같다. 가장 중요한 점은 1991년 사업 내 컴퓨터 투입량의 76.6%가 무역, FIRE, 기타 서비스(법률 서비스, 보건, 소프트웨어 등을 비롯한 다양한 인적 서비스를 포함한다)에서 이루어졌다는 사실이다. 사업 내

---

* [옮긴이] 뉴욕에 있는 민간 경제조사기관으로 전세계 3천여 회원사를 보유하고 있으며 매달 발표하는 소비자 신뢰지수로 유명하다.

컴퓨터 투입의 11.9%만이 아래 표에 나열된 컴퓨터 집약적 제조 부문에
서 이루어졌으며 나머지 11.5%는 다른 27개 산업(농업, 광업, 운송, 건설,
통신, 공공설비 등)이 차지했다.

[표 2] 1991년 현재 미국 경제에서 가장 집약적으로 컴퓨터를 사용하는 8개 부문

부문	경제 내 총 부가가치 비율(%)	사업 내 총 컴퓨터 자본 투입량 비율(%)
제조업		
비전기기계 [a]	2.2	4.6
전기기계	1.9	2.5
인쇄출판	1.7	2.4
정밀도구	1.5	1.5
석재·점토·유리	0.6	0.9
서비스업		
무역	15.4	14.2
FIRE [b]	14.7	32.2
기타 서비스 [c]	25.1	30.2

a 컴퓨터와 사무기기는 비전기기계 부문으로 분류.
b 금융, 보험, 부동산.
c 소프트웨어, 보건, 법률 서비스 등과 같은 사업 및 인적 서비스 포함.
출처: Robert H. McGuckin and Kevin J. Stiroh, "Computers Can Accelerate Productivity Growth,"
Issues in Science and Technology(National Academy of Sciences), vol. XIV, no. 4(Summer 1998), 표1,
42쪽; Kevin J. Stiroh, "Computers, Productivity, and Input Substitution," *Economic Inquiry,* vol.
36, no. 2(April 1998), 175~91쪽.

　확실히 여기서 볼 수 있는 컴퓨터에 대한 수요 구조는 서비스 부문,
특히 금융 서비스가 경제에서 차지하는 막대한 비중을 부분적으로 반영

한다. 그러나 (금융, 도소매업, 마케팅, 법률 서비스, 보건 서비스, 오락, 기타 인적 서비스 등의) 서비스 산업에서 사업 수요의 4분의 3 이상을 확보하는 기술 혁명은 전면적인 "산업 혁명"에는 다소 미치지 못하는 것으로 볼 수 있다.3) 서비스 산업들은 경제의 높은 생산성 성장을 대표하기는커녕 보통은 정확히 그 반대를 표상한다(생산성 성장이 이 맥락에서 무언가를 의미하긴 한다면).4)

실제로, 90년대 중반 이래의 디지털 혁명이 경제 전반에 걸쳐 생산성을 높였다는 신경제 테제를 경험적으로 조사해보면, 컴퓨터가 이 분야에서 많은 진전을 낳았다는 확실한 증거는 거의 또는 전혀 없다고 말할 수 있을 뿐이다. 경기 순환의 호전에 동반되는 생산성 상승은 당연히 이를 정보기술 혁명으로 설명할 수 있다는 견해를 고무시켰다. 그러나 연평균 1.33%의 생산성 성장 —— 1972~1995년의 1.42%에서 1995년 4/4분기와 1999년 4/4분기 사이에 2.75%로 상승했다 —— 은 정말로 정보기술의 생산성 향상 효과가 경제 전반에 확산된 결과일까? 이러한 질문은 노스웨스턴 대학 Northwestern University 경제학 교수인 로버트 J. 고든 Robert. J. Gordon에 의해 가장 체계적으로 제기되었다. 고든은 제도권과 일반 국민 사이에 널리 받아들여진 진실과는 완전히 다른 놀라운 설명을 보여주기 위해 생산성 성장의 "양파 껍질을 차례차례 벗긴다." 고든은 생산성의 도약에 공헌하는 다양한 요인들을 검토한다. 그는 경제의 순환적 상승, 컴퓨터 하드웨어 생산의 기술 가속화, 내구재 생산 공장들에서의 기술 변화 등과 같은 다양한 공헌 요인들의 효과를 설명, 예시한다. 그가 내리는 놀라운 결론은 컴퓨터 사용이 공헌한 정도가 의외로 낮다는 것이다. 위에서 언급한 1.33%의 생산성 성장 가운데 "극히 적은" 0.07%만이 내구재 생산 외부의 컴퓨터 기술과 소프트웨어 사용으로 돌려질 수 있다. 요컨대 그는 디지털 기술이 생산성에 미친 효과가 전체적으로 보면 미미하다는 것, 즉 발전은 전적으로 내구재 제조업에서 이루어졌다는 사실을 밝혀냈다.[5]

물론 많은 사람들은 인터넷의 급속한 확대가 신경제의 생산성 효과를 경제 전체로 확산시킨 도구였다고 생각하고 있다. 그러나 고든의 생산성 분석이 보여주는 것처럼, 현재 사실들은 그러한 결론을 보장해 주지 않는다. 사무실에서 컴퓨터가 널리 쓰이고 있지만 경제 생산성을 높이기보다는 정반대의 효과가 나타나는 듯하다. 직원들은 회사 인터넷을 사용해서 개인적 투자와 관련된 주식 시세를 찾아보거나 온라인 쇼핑, 전자우편 등을 한다. 여러 연구에 따르면 소비자 지향적인 웹사이트들은 저녁이나 주말이 아니라 월요일부터 금요일 낮에, 즉 사람들이 직장에 있는 시간에 가장 높은 이용률을 보인다고 한다. 노트북 컴퓨터, 팩시밀리, 위성, 인터넷 등의 확산은 신문 사업을 극적으로 변화시켰지만, 그래도 1987년에서 97년 사이에 신문 산업의 생산성은 연평균 2.3% 하락하였다.[6]

디지털 혁명은 분명 확산 효과를 갖는 기술 혁명이다. 그러나 경제적 관점에서 볼 때 중요한 것은 그것이 증기기관이나 철도, 자동차의 경우처럼 획기적인 것은 아니라는 점이다. 디지털 혁명은 아직 "1, 2차 산업 혁명에서 증기기관이나 철도, 자동차가 했던 것과 동일한 규모로 수많은 새로운 상품과 서비스의 생산을 요구하거나 가능케 하는 전체 공동체의 내부 이동과 구축을 수반하는 경제 지리상의 근본적인 변화"를 낳지 못했다.[7]

경기 순환을 길들인다?

1991년 3월에 시작된 경제 확장은 주식시장 가치와 기업(및 소비자) 부채의 폭발을 동반했다. 예일 대학의 경제학 교수 로버트 쉴러 Robert Schiller가 자신의 저서인 『비이성적 열광 *Irrational Exuberance*』에서 지적했듯이,

> 다우존스 공업 평균지수는 … 1994년 초에 3,600대 주변에 머물러 있었다. 1999년에 이르면 11,000대를 넘어 5년 만에 세 배 이상 뛰었다 … 그러나 같은 기간에 기본적인 경제 지표들의 상승은 세 배에 미치지 못했다. 미국의 개인 소득과 국내총생산은 30% 미만으로 상승했으며 이 가운데 거의 절반은 인플레이션에 기인한 것이었다. 기업 이윤은 60% 미만으로 상승했고, 그것도 일시적인 불경기에 친 바닥을 기준으로 산출한 것이었다(4쪽).

쉴러는 계속해서 지적하고 있다. "밀레니엄 호황은 사상 최대의 주식시장 호황이다." 주가-소득 비율(지수상의 실질 기업 소득의 10년간의 변동 평균으로 나눈 주가에 대한 스탠더드 앤 푸어스 S&P의 실질 합성지수)은 2000년 1월 44.3%에 달했는데, 이는 당시까지 최고치로 기록된 수준이었으며 32.6%를 기록한 1929년 9월(주식시장 붕괴 직전)의 수치에 역사적으로 가장 근접한 것이었다. 쉴러를 비롯한 많은 이들에게 있어 주식시장 주가의 현기증 나는 인플레이션은 고전적인 투기 거품의 모든 특징을 갖고 있다. 소득 성장이 상대적으로 훨씬 낮은 점을 감안한다면 "합리적인 경제 원리"와 아무 관련이 없는 요소들로 거슬러

올라갈 수 있는 것이다.

의미심장하게도, 1996년 12월 5일 워싱턴에서의 연설에서 이와 같은 위험한 상황을 묘사하기 위해 "비이성적 열광"이라는 용어를 만들어 낸 이는 다름 아닌 앨런 그린스펀이었다. 이쯤에서 연준 의장이라는 역할을 수행하면서 그린스펀이 맞닥뜨린 문제가 수없이 많다는 점을 지적해야겠다. 그는 가능한 한 오래 경제가 고공비행을 유지하도록 애써야 했고 그렇지 못할 경우 연착륙하도록 솜씨있게 처리해야 했다. 이 두 가지 열망 모두는 물론 연준 의장이나 이사회 등을 비롯, 어떤 개인이나 기구의 힘을 훨씬 넘어서는 일이다. 따라서 시장에 영향을 미치기 위해 고안된 어느 정도의 "설득 공작"은 게임의 일부이다. 그린스펀의 발언들은 시장이 급강하하여 계획을 망쳐버리지 않도록 하기 위해 종종 투기를 진정시키는 것을 목표로 했으며, 한편으로 기업들에게 매우 실질적인 위험이 있음을 경고하기 위한 것이기도 했다. 이와 동시에 그의 선언들은 보다 일반적으로 투자자들에게 보편적인 안정감과 신뢰감을 구축하기 위해 시장의 무정부 상태를 합리화하는 것을 목표로 삼고 있다. 그리하여 "비이성적 열광 연설"을 한 지 몇 달 후 그린스펀은 신경제의 미덕을 격찬하였다. 주식가치 급상승과 경제 일반의 외견상 너무 급속한 성장은 전체적으로 볼 때 불합리하지 않았지만, 상당 부분 신경제가 가져온 생산성 확대에 의해 정당화되었다. 이제 인플레이션의 위협 없이 실업률을 낮추는 게 가능했다. 바로 이러한 생산성 성장 때문이었다. 요즘 경제 서적들에서 공통으로 지적하는 것처럼, 경제의 "속도 제한"이 바뀌었다.

산업 자본주의 역사의 모든 장기 호황 과정에서 경제 세력들은 신시대 New Era가 등장, 경기 순환을 길들이거나 심지어 없앴다고 주장함으로써 지속적인 성장과 주식시장 확대를 설명하려 했다. 그러한 신시대 선언들은 언제나 기술 그리고/혹은 경제 조직의 변화라는 개념에 근원을 두고 있다. 대공황을 가져온 1929년의 주식시장 붕괴를 앞에 두고서도, 거대 독점 자본들의 성장과 더불어 신시대가 도래하여 경기 변동을 완화하고 경기 하강을 감소, 또는 완전히 없앰으로써 경제를 보다 효율적으로 관리, 조절할 수 있게 되었다는 주장이 흔히 제기되었다. 예일 대학의 경제학 교수이자 당대에 가장 유명한 미국 경제학자였던 어빙 피셔 Irving Fischer는 이러한 신시대 사고에 근거하여 —— 1929년의 주식시장 최고점 직전(붕괴 바로 전)에 —— "주가가 항구적인 안정기에 다다른 것으로 보인다"고 선언한 것으로 전해진다.[8]

이와 유사한 견해들이 오늘날 선전되고 있다. 가령, 『포린 어페어즈 *Foreign Affairs*』(외교관계위원회 Council for Foreign Relations에서 펴내는 미국의 일류 외교 정책 저널) 1997년 7/8월 호에 실린 「경기 순환의 종말?」이란 제목의 기사에서 스티븐 웨버 Steven Weber는 "생산 및 소비의 세계학와 나란히 진행되는 기술, 이데올로기, 고용, 금융의 변화가 산업화된 세계에 있었던 경제 활동의 변덕을 감소시켰다. 경험적으로나 이론적으로나 선진 산업 경제에서는 경기 순환의 파도가 잔잔한 물결이 되어가고 있는 것으로 보인다"고 주장하였다.

그린스펀 자신은 경기 순환이 사라졌다고는 주장하지 않고 있지만, 우리가 보아온 것처럼, 전산화된 정보 시스템과 적시 생산 just-in-time production의 발달로 인한 재고 관리의 향상으로 불황을 낳는 힘들이 엄청나게 감소되었다고 시사한 바 있다. 1999년 6월 14일 상·하원합동 경제위원회 Joint Economic Committee of Congress를 상대로 한 연설에서 그는 "IT 혁명 이전에는, 소비자 욕구와 복잡한 생산 체제 전반의 재고

의 소재와 원자재의 흐름에 대한 시기 적절한 지식이 부족"해서 기업들
이 적절히 기능하려면 "원료를 두 배로 쌓아놓는 등 상당히 계획적인
중복 투자"를 유지할 수밖에 없었다고 역설했다. 그러나 신경제에서는
기업 경영진이 "재고 비축과 잉여인력이라는 긴 행렬을 없앨 수 있"게
되었고, 바코드 검색기 같은 공정이나 위성을 이용한 트럭 배치 등의
도래로 배달 시간이 단축되었으며, 인터넷 웹사이트의 성장으로 기업
거래가 이루어지는 방식이 가속화되고 때로는 합리화되었다는 것이다.

아울러, 신경제의 도래와 더불어 구조적인 생산성 성장이 위쪽으로
방향을 틀었다는 그의 주장과 함께, 그린스펀은 또한 신경제의 보증수
표로 간주되는 세계화와 유연한 노동시장의 창출 덕분에 일정한 실업
수준에서 노동자의 고용 불안을 증대시킴으로써 임금이 낮은 수준으로
유지되고 단위 노동 비용이 억제되었다고 주장하고 있다. 그 결과 "유연
화"(이는 종종 임시직 파견업체들을 통한 노동과 같은 비정규, 임시
고용의 성장을 의미했다)로 위협받는 노동자들은 임금인상 요구로 풍
파를 일으키기보다는 가능한 곳에서 고용 안정을 택했다. 1997년 3월
20일 상 · 하원합동경제위원회에서의 증언에서 그린스펀은 다음과 같
이 지적했다. "불황이 최저점이던 1991년, 국제여론조사사 International
Survey Research Corporation가 행한 대기업 노동자들에 관한 조사연구는
25%가 정리해고의 위협을 느끼고 있음을 나타내고 있다. 또 1996년에
는 실업률이 급격하게 낮아지고 노동시장이 탄탄해졌음에도 불구하고
같은 조사연구기관은 그 수치가 46%에 이르는 사실을 밝혀냈다."

위로부터 강요된 보다 격렬해진 계급투쟁과 일자리를 잃어버리는
것의 비용 증대(특히 노동계급의 부채가 증가하는 것을 감안하면)에
초점을 맞추는 고용 불안에 관한 주장은, 생산성의 구조적 향상들에

관한 주장들보다 "임금 인플레이션"이 왜 경제 확장기에 점화되지 않았는가를 설명하는 데 있어 진실에 더 가깝게 다가간다. 그럼에도 불구하고 이러한 주장은, 다른 모든 지배적인 경제적 관점들과 마찬가지로, 인플레이션(특히 이른바 "임금 인플레이션")을 불황의 첫 번째 원인으로 간주하는 통화주의와 레이거노믹스 Reaganomics에 의해 도입된 경기 순환에 관한 견해로부터 수난을 당한다. 경기 하강은 단순한 가격 운동과는 상대적으로 독립적인, 설비과잉의 증대 등 축적과 관련된 보다 근본적인 원인들을 갖는다는 게 진실이다. 일반적으로 경제 위기 발발의 원인이 되는 것은 —— 기업들에게 가격 인상을 강제하는 것으로 추정되는 —— 임금비용 상승으로 인한 이윤폭의 압박이 아니다. 보다 중요한 것은 애초에 호황을 추진시켰던 힘들이 점차 약해질 때마다 발생하는 과잉투자와 부채의 과잉팽창이다. 그리고 이의 기초가 되는 것은 자본주의적 조건에서 항상 존재하는 과잉착취 그리고 부와 소득의 불균등한 분배, 유효수요의 부족 등과 같은 구조적인 문제들이다. 케인스 혁명 시점에 널리 인정된 축적에 관한 이러한 기본적인 진실들은 —— 신경제에도 불구하고 —— 오늘날 어느 때보다도 더욱 유효하다.

3/4분기 2.2%에서 1.1%로 떨어진 2000년 4/4분기의 실질 GDP의 감소는 기업들 사이에서 우려를 확산시켰다. 가장 불길한 것은 실질 비주거 고정 투자가, 3/4분기에 7.7% 증가한 것과는 대조적으로 설비 및 소프트웨어 투자의 3.5% 하락과 동시에 4/4분기에 0.6% 하락했다는 사실이다. 이 모두는 뉴욕 증권거래소의 전반적인 하락에 뒤이은 (닷컴들이 좌우하는) 나스닥 NASDAQ 지수의 극적인 하락과 동시에 이루어졌다.

지금 시점(2001년 2월 말)에서 이러한 사건들이 전면적인 경제 위기의 전조인지는 아무도 모른다. 하지만 중요한 것은 이 명백한 선회가 이른바 식견 있는 층에서조차 놀라운 일로 보여졌다는 점이다. 몇몇은 역사적 사실에 눈감은 채 급속한 기술 진보의 시기들 자체가 경기 하강이 없을 것이라는 보증이라고 뚜렷이 믿고 있었다. 다른 이들은 신경제가 다름 아닌 경기 순환을 극복한, **경제를 초월한** 신시대라는 의미에서 새로운 것이라는 사고에 내기를 걸었다. 그러나 잊지 말아야 할 것은 경기 순환이 19세기 초반 이래 자본주의의 규칙적인 특징이었고, 기업들이 극초 시간 내에 사용할 수 있는 정보의 홍수에 관한 꿈들, 또는 이와 유사한 관념들에도 불구하고 계속 살아남아 있다는 사실이다. 신경제와 관련된 어떠한 경험적, 이론적 주장 —— 기술 혁명, 생산성 증대, 이윤폭 증대 등 —— 도 경기 순환의 반증이 되지 못한다. 사실 순환적 하강은 그러한 발전들에도 불구하고가 아니라 그 때문에 가장 흔히 일어난다. 소비자 구매력에 비한 설비의 과잉팽창은 —— 경쟁자본주의, 독점 단계, 세계화와 신기술의 가속화라는 현재 국면 등 —— 자본주의 경제의 역사를 통틀어 본질적인 특징이다.

점점 더 많은 사람들이 투기시장에 참여하는 것을 비롯한 금융체제의 팽창 또한 위기에 대한 방호벽이 아니다. 금융 위기는 보다 전반적인 경제 위기와 마찬가지로 자본주의의 축적에 고유한 것이다. 이러한 경제 불안정은 경영상의 오류나 정보 부족, 기업 및 소비자 신뢰의 결여가 아니라 계급에 기반한 축적의 동학으로부터 발생한다. 광속도로 전세계에 확산될 수 있는 대량의 정보를 창출하는 데 있어 신기술이 이룩한 두드러진 공헌은 통화시장의 팽창에 효과적으로 이바지한 것만큼 그것의 붕괴에도 이바지할 수 있다. 얇게 펼쳐진 부채층에 기반을 둔 허약한 금융 네트워크의 분열에 관한 정보나 암시는 각 국 중앙은행이 내리막

길의 연쇄 반응을 막기에는 너무 빠른 속도로 통화시장 본부들에 다다를 수 있다.

그린스펀 다음으로는, 『비즈니스 위크 *Business Week*』의 경제 수석 편집자인 마이클 만델이 현재의 신경제 과대선전을 전파하는 데 있어 아마 어느 누구보다도 많은 일을 했을 것이다. 하지만 신경제가 경기 순환에 영향을 받지 않는다고 주장하는 대신, 만델은 『인터넷 공황 *The Coming Internet Depression*』[이강국 옮김, 이후, 2001]이란 제목의 최근 저서를 통해 그가 "기술 순환 tech cycle"이라고 이름붙인 것으로부터 발생하는 심각한 신경제 위기의 가능성을 시사하고 있다. 만델은 기술 순환이란 "경기 순환이 정보화 시대를 위해 다른 의상을 입고 환생했다"는 사실을 표상한다고 역설한다. 그가 말하기를, 기술 순환의 팽창 국면은 급속한 기술 혁신, (벤처캐피털의 결과물인) 신설기업이 쉽게 확보할 수 있는 자금, 강력한 생산성 성장, 기술을 따라잡기 위해 기업들이 앞다퉈 경쟁하면서 발생한 투자 호황, 생산성 증대와 경쟁 압력에 기인하는 인플레이션 억제, 탄력적인 주식시장 등을 그 특징으로 한다. 이 모두는 신경제 사고의 주된 요점을 시사한다. 그러나 만델은 신경제의 기술 순환에서 수축 국면 —— 벤처캐피털의 고갈, 미약한 생산성 성장, 투자 하락, 인플레이션 반등, 주식시장 고갈 —— 도 있다고 말한다. 기술 순환이 전통적인 경기 순환을 대체하는 것으로 간주되는 한 만델의 분석 전체는 의문시된다. 그러나 신경제를 상승시킨 다양한 힘들이 일단 소진되고 나면, 또한 신경제의 하강을 낳을 수 있다는 —— 그리고 실제로 격렬한 하강의 원인이 될 수 있다는 —— 그의 주장은 신경제 과대선전에 분명 합리성의 요소를 덧붙여준다. 만델은 하이테크가 "높은 변덕"을 뜻한다고 역설한다.

사태를 훨씬 더 위험하게 만드는 것은 신경제 호황이 엄청난 규모로 기업과 가계의 부채를 통해 자금을 조달받아온 사실 —— 이로 인해 폭포와 같은 채무불이행의 가능성이 생겨난다 —— 이라고 만델은 강조하고 있다. 가처분소득 可處分所得에 대한 가계 부채의 비율은 1989년의 80%에서 오늘날 약 100%로 상승하였다.[9] 한편 비금융 기업들의 부채는 1997년 초와 2000년 초 사이에 34% 증가하였다. 이러한 대규모 차입은 경기 하강기에 —— 특히 실질임금의 정체를 보상하기 위해 부득이하게 돈을 빌린 노동자들에게 —— 그 고통이 더 클 것이라는 점을 의미한다.

1990년대에 미국이 유럽과 일본에 비교하여 상대적인 경제 번영으로 이익을 누렸다는 점 또한 주목할 만하다. 그러나 만델은 유럽과 아시아의 경제 부활이 "미국과 심지어 전세계적으로 금융 위기를 촉발"시킬 수 있다고 경고한다. 미국의 신경제 호황은 해외로부터의 통화 유입 확대로 상당 부분 자금을 조달받아 왔다. 그는 "1995년 당시 해외 통화는 미국 총투자(내국인 및 기업)의 8%에 불과했다. 2000년 1/4분기에 이르면 해외 통화가 총투자의 26%로 증가하였다"고 지적한다. 이 모두는 미국을 대규모 순 채무국으로 만들었으며, "1999년 말 현재 미국의 대외 채무의 가치가 해외 자산 추정가치를 1조 달러 이상 초과하는" 결과를 낳았다. 이러한 상황이 달러화에 대한 파괴적인 인출 쇄도를 야기하여 해외 투자자들이 투자할 때보다 훨씬 신속하게 인출하는 사태로 귀결될 가능성을 생각해볼 수 있다. 물론 이는 전세계적인 금융 위기를 낳을 수 있다. 경제학자 존 이트웰 John Eatwell과 랜스 테일러 Lance Taylor가 『위기에 처한 세계 금융 *Global Finance at Risk*』에서 지적한 것처럼, "달러화의 시세 하락과 더불어 잠재적인 불균형들 —— 미국으로부터의 포트폴리오 이동, 미국 부채에 대한 국제적 채권 증대, 가계 부문에 대한 금융 압박 증가 —— 이 서로와 시장의 견해들을 먹이로 삼으면서 성장을 시작할지도 모른다. 그 시점에서 … 세계적인 거시적 안정에 관한 모든 희망은 사라지게 될 것이다." 신경제 불황이 낳는 재앙적인 결과들의 세계화는 전세계적인 경제 붕괴를 초래할 수 있다.

마이클 만델의 책은 기업-언론 시장의 경쟁 명령을 충실히 좇아 "하이테크 호황은 왜 파산할 것인가, 붕괴는 왜 당신이 생각하는 것보다 더 나쁠 것인가, 그후에 어떻게 번영할 것인가"라는 부제를 달고 있다. 이건 과학이 아니라 예언이고 과장이다. 신경제 테제가, 그것이 옳다고 가정될 때조차, 심각한 위기로 귀결될 수 있는 이면을 가짐을 인식하는 것은 전적으로 합리적이지만, 신경제에 관해 이미 입증된 것으로 간주되는 것의 대부분이 환상임을 잊지 않는 게 바람직하다. 디지털 경제와 결부된 투자 호황은 사실이다. 그러나 경제 전반에 걸쳐 (주기적이 아닌) 구조적인 생산성 상승이 있어 왔으며 이것이 (계급투쟁과 노동시장 재구조화가 아니라) 상대적으로 낮은 인플레이션을 동반한 비교적 높은 고용의 원인이라는 명제는 기껏해야 극단적으로 의심스러울 뿐이다. 실제로 높은 생산성이 자동적으로 높은 경제 성장을 의미한다는 상식적인 경제적 가정은 그 자체가 의심스러운 것이다. 최근 수십 년간 미국 경제의 일자리와 부가가치의 가장 빠른 팽창 가운데 일부는 낮은 생산성 증대로 악명 높은, 그리고 생산 확장보다는 통화 자본의 축적과 결부된 부문들 —— 서비스, 특히 금융 서비스 —— 에서 있어 왔다.

따라서 지금 우리 앞에 놓여져 있는 듯이 보이는 경기 하강은 만델이 묘사하는 "기술 순환"보다는 과잉설비의 증대가 중심적 역할을 하는 고전적인 경기 순환과 훨씬 더 공통점을 갖게 될 것으로 보인다. 실제로

현재 전세계적으로 산업 전반에 걸쳐 초과 설비가 나타나고 있다. 『뉴욕
타임스』(2001년 2월 16일자)에서 플로이드 노리스 Floyd Norris가 보도한
것처럼, 전세계 전자통신 산업 —— 90년대 후반 호황에서 가장 높게
고공비행한 부문 —— 은 지금 "블랙홀"에 맞닥뜨리고 있다. 거대한
자본 지출은 수요를 훨씬 뛰어넘는 설비를 창출시켰다. 그리고 이미
상당히 진행 중인 대규모 프로젝트들을 완수하는 데 막대한 액수가
필요함에도 불구하고 신용은 말라붙었다. "한편 허약한 기업들은 실패
하고 있다. '이들 기업은 차례로 무너지기 시작하고 있다'고 자금 관리
기업인 클라우 캐피털 Clough Capital의 찰스 클라우 Charles Clough는
말하고 있다 … 결국 초과 설비를 흡수하는 성장이 있을 것이다. 그러나
그러기에는 몇 달이 아니라 몇 년이 소요될 것이다. 금융시장들은 앞으
로 다가올 고통을 아직 완전히 감소시키지 못했다."

　　정보화 시대의 마술적인 신기술이 개인 및 사회적 삶의 양상들을
극적으로 변화시켰다는 사실에는 의문의 여지가 없다. 신기술은 시간
이 갈수록 훨씬 더 많은 변화가 있을 것을 약속해준다. 실제로 자본주의
발전 과정에서의 모든 주요한 기술 혁명들은 우리가 살아가는 방식을
바꾸는 데 있어 그들의 몫을 공헌해왔다. 그러나 이들 앞선 기술 혁명
가운데 어떤 것도 신경제나 새로운 기술 순환을 창출하지 못했으며
오늘날의 디지털 혁명도 마찬가지이다. 자본주의 작동의 경제 법칙은
여전히 유효한 것이다.

　　우리는 신경제의 호황과 불황뿐만 아니라 이제껏 경험해보지 못한
부의 양극화, 세계화의 만연, 그리고 상대적으로 소수의 전세계-독점
기업들에 의한 세계 시장 접수 확대를 목표로 하는 사상 최대의 합병
물결 등 극적인 새로운 발전들이 특징을 이루는 전례 없는 상황을 살아

가고 있다. 우리는 이러한 급변하는 상황 아래 무슨 일이 벌어질지를 예측하려 하기보다는 이것이 자본 축적과 위기의 현상임을 —— 따라서 계급투쟁임을 —— 인식하면서 미래의 발전 과정에서 두드러진 특징이 될 주요한 모순과 경향들을 계속 주시해야만 한다.

『먼슬리 리뷰 *Monthly Review*』 편집위원회

2001년 4월

주

1. 이 연설은 연준 웹사이트(http://www.federalreserve.gov)에서 볼 수 있다.

2. 신경제가 경제 성장에 미친 공헌에 관한 평가는 경제분석국 Bureau of Economic Analysis의 추정치다. J. Steven Landefeld and Barbara M. Fraumeni, *Measuring the New Economy,* Bureau of Economic Analysis Advisory Committee Meeting, May 5, 2000, 표 2 http://www.bea.doc.gov/papers.htm 참조. 미국 정부의 통계는 실질적인 컴퓨터 소비를 설명하는 데 있어 품질 개선을 조정하기 위해 이른바 "쾌락 물가지수"를 사용한다. 이는 이러한 쾌락 지수를 사용하지 않는 대다수 국가들(캐나다, 프랑스, 일본 제외)과 비교 하여 미국의 정보기술 소비와 국내총생산 공헌도를 과장하는 경향이 있다. *Economic Report of the President, 2001,* 164~65쪽 참조.

3. 신기술의 결과 산업 생산 내에서 자동 기계의 사용이 크게 진전되었다는 점을 지적해야 한다. 여기에는 컴퓨터만이 아니라 컴퓨터 기술 전반과 많이 관련되는 인공지능도 포함된다. 보다 자동화되고 노동자가 필요 없는 생산 장비를 얻기 위해 컴퓨터나 컴퓨터 같은 도구를 사용하는 다양한 자동제어·피드백 장치들이 도입된다. 따라서 여기서 언급된 것 과 같은 내구재 제조업 내의 순수 정보기술 활용에 관한 데이터는 신기 술이 이 부문에서 하는 역할을 과소 평가하는 다소간의 오류를 범할 수 있다.

4. 서비스 부문에 생산성 통계를 적용하는 문제에 관해서는 Harry Magdoff and Paul M. Sweezy, "The Uses and Abuses of Measuring Productivity," *Monthly Review,* June 1980 참조.

5. Robert J. Gordon, "Not Much of a New Economy," *Financial Times,* July 26, 2000; "Does the 'New Economy' Measure Up to the Great Inventions of the

Past?," *Journal of Economic Perspectives*, vol. 14, no. 4(Fall 2000), 49~74쪽.

6. John Cassidy, "The Productivity Mirage," *The New Yorker*, November 27, 2000, 116쪽.

7. Paul Baran and Paul Sweezy, *Monopoly Capital*, 219~20쪽; [국역] 폴 바란 외, 최희선 편, 『독점자본: 미국의 경제와 사회질서』, 한울, 1984.

8. Schiller, *Irrational Exuberance,* 106쪽에서 인용.

9. Editors, "Working-Class Households and the Burden of Debt," *Monthly Review*, vol. 52, no. 1(May 2000), 1~11쪽 참조.

1

신경제 … 똑같은 불합리한 경제

윌리엄 K. 탭 William K. Tabb *

"신경제"가 존재한다는 주장에 관해 무엇을 말할 수 있을까? 이는 이 용어로 무엇을 의미하는가에 달려 있다. 경기 순환이 종식되었다거나 자본주의의 모순이 해소되었다는 주장은 난센스이며 이제는 이런 주장을 하는 이들도 거의 없다. 2000년에 우리는 기술 주식과 인터넷 주식의 대학살을 통해 많은 이들이 지난 100년간 이 나라 최대의 금융 광증 狂症이라 간주한 것이 끝장나는 것을 목격했다. 나스닥은 가치의 절반 이상을 잃어버려 3조3천3백억 달러의 명목상 손실을 입었는데, 월스트리트의 한 재담꾼의 말을 빌자면, 이는 미국 가구의 3분의 1이 대양 속으로 가라앉은 것이나 다름없는 것이었다. 한편 몇 달 전만 해도 우리 귀에 들린 말이라곤 시장의 마술에 관한 이야기와, 위기는 —— "정실"

---

* 퀸스 칼리지 Queens College에서 경제학을, 뉴욕시립대학 City University of New York 대학원 센터에서 정치학을 강의하고 있으며 『먼슬리 리뷰』에 많은 글을 기고해왔다. 이 글은 뉴욕에서 열린 「2001년 사회주의 연구자회의 2001 Socialist Scholars Conference」에서 발표한 것이다. 여기서 제기된 쟁점들은 필자의 최근 저서인 『부도덕한 코끼리: 21세기의 세계화와 사회정의를 위한 투쟁 The Amoral Elephant: Globalization and the Struggle for Social Justice in the Twenty-First Century』(Monthly Review Press, 2001)에서 더 폭넓게 논의되고 있다.

자본주의든, 아니면 전면적이고 시의 적절하게 시장에 정보를 유통시
키지 못한 단순한 실책이든 —— 그릇된 정부 정책의 결과라는 것, 새로
운 정보기술이 이제 시장을 훨씬 효율적으로 만들고 있다는 것이 전부
였다. 이 모든 이야기들은 이제 가장 긴 확장기의 상승 단계에서 발견되
는 흔한 과장법인 듯이 보인다. 과거와 마찬가지로 경제가 약화되면서
이러한 논의는 사라진다. 실제로, 재고가 쌓임에 따라 자본주의의 본성
은 경제언론이나 정치인들에게조차 자명해진다.

　신경제가 가져온 거대한 생산성 성장 덕분에 도래했다고 하는 항구
적인 안정기의 경우, 이제는 대다수 신경제 열광자들에게 주기적인 현
상이었던 것으로 받아들여지고 있는 듯이 보인다. 『파이낸셜 타임스
Financial Times』가 사설에서 지적한 것처럼, "생산성 기적에 의해 추진된"
신경제는 "이제 당치 않은 듯하다."[1] 2001년 초반, 기업들이 투자 지출
을 상당 부분 삭감함에 따라 설비와 소프트웨어에 대한 자본 경비가
줄어들면서 정보기술이 상대적으로 경기 순환의 영향을 받지 않는다는
주장은 웃음거리로 전락하게 되었다.

　보다 나은 정보만 있으면 시장이 자원을 효율적으로 배분하는 게
보장된다는 관념은 언제나 커다란 오류였다. 정책입안자들과 민간 의
사결정자들이 이제 "IT 혁명 덕분에 미래에 관해 믿을 만한 정보"를
갖게 되었다는 사고 또한 터무니없는 것으로 드러났다. 한 예로 1994년
멕시코에서는 페소화 위기가 발발하기 훨씬 전에 데이터가 충분했고,
1996년 동아시아 금융 위기가 터지기 전의 태국과 다른 나라에서도
마찬가지였다. 케인스 그리고 그 전에 맑스가 설명했듯이, 모든 확장기
에는 투자자들이 지나친 확신을 갖고 경고신호를 무시해버리는 경향이
있다. 정보는 사용가능하고 투명할 수 있지만 확장기 동안의 사태와

데이터에 대한 해석은 투기에 투기를 더하는 것으로 귀결된다.

하이테크 거품이 터지기 전에는 이번 경기 순환은 다르다는 믿음이 널리 퍼져 있었다. 확장기가 오래 간다는 사실뿐 아니라 장기적인 성장에도 불구하고 인플레이션 압력이 없다는 점, 그리고 1990년대 후반기의 급속한 생산성 성장은 흔히 이를 뒷받침했다. 그러나 "신경제"의 결과로 경기 순환이 종언을 고했다는 논의가, 오랜 확장기의 마지막 무렵이면 항상 급속히 성장하는 유사한 논의가 그러했던 것처럼 그릇된 것임은 이제 자명하다. 장기 호황의 끝 무렵에는 "신경제"에 관한 논의가 있어 왔으며 경기 순환이 시대에 뒤떨어진 게 되어버리고 새로운 규칙이 생겨났다고 이야기되었다. 1920년대에 이러한 행복감의 와중에 많은 노동대중은 제너럴모터스 General Motors와 RCA[Radio Corporation of America] 같은 "하이테크" 기업들에 대한 주식 투기를 통해 자본 소득을 얻을 수 있다는 약속에 매혹되었다. 그들은 파티가 막 끝나려던 시점에 주식을 사들이기 시작했다. 자본주의는 확장과 위기의 시기를 번갈아 가면서 성장하며, 이것은 여전히 자본주의의 본성이다. 이 말이 아무것도 변하지 않았고 "신경제"란 존재하지 않는다는 것을 의미할까? 내 생각에는 이 역시 틀린 말이다.

진실을 이야기하자면, "정보 혁명"은 비록 자본주의 발전의 초기 시대에 전신과 대양횡단 케이블이 그러했던 것처럼 생산 효율성을 높일지언정, 자본주의가 작동하는 방식의 기본적 성격을 변화시키지는 않는다. 더 중요한 것은 이 체제의 기본적인 연속성이다. 자본주의 경제에서 기술은 일련의 사회관계 속에 배태되어 있다. 여기에는 소유 유형과 자산을 과대 평가하려는 충동 —— 미래의 잉여 추출에 대한 주장을 사고 팔아서 생계를 유지하는 이들에 의한 —— 으로부터 기인하는 가상 자본 fictitious capital의 투기적 성장 등이 포함된다. 이 체제의 이와 같은 근본적 현실 속에는 확실히 신경제란 존재하지 않는다. "하지만 이번은 다르다"라고 말하는 사람들은 요즘 조용해졌다. 2001년 초반 골드만 삭스 Goldman Sachs의 인터넷 주가지수가 최고점에 비해 4분의 3 수준으로 떨어지면서 『파이낸셜 타임스』는 "신경제"라는 단어가 "투자자들에게 악몽이 될 것"이라는 사설을 쓰기에 이르렀다. 그러나 신경제 과대선전을 무비판적으로 받아들이다가, 그것이 투기 거품, 즉 하이테크 튤립 광증 tulip mania*에 불과했다는 비관주의로 옮겨가서는 안 된다.

신경제 테제는 두 가지 중요한 탐구 영역을 제기한다. 첫째는 어떤 의미에서 "새로운" 경제가 실제로 존재한다고 말할 수 있는가 하는 것이다. 여기에는 우리가 3차 산업 혁명에 접어들었다는 명제도 포함된다. 규모 수익 체증 increasing returns to scale을 갖게 된 "지식" 경제 또는 정보 경제가 태동했다고 말해지는 지금 "산업"이라는 용어는 유행에 뒤떨어진 것으로 보인다. 둘 사이의 차이점은 물질적 생산에 대조되는

---

* [옮긴이] 17세기 네덜란드의 튤립 공황에 빗댄 표현이다. 16세기 후반 터키에서 유입된 튤립은 순식간에 유럽 각 국으로 퍼져 17세기 초에는 귀족이나 대상인 사이에 크게 유행하였다. 초기에는 직업적인 원예가나 애호가들 사이에서 현물로 거래되었지만 얼마 지나지 않아 수확할 구근 球根의 선물거래가 시작되면서 투기가 조장되어 1633년에는 상류층은 물론, 기술자, 하녀에 이르기까지 앞다퉈 선물거래에 몰려들었다. 이러한 현상은 1636년에 절정에 달하여 이중, 삼중의 문서거래가 행하여졌고 1637년 2월 마침내 공황을 일으켜 값이 폭락하고 말았다. 계약 이행이 불가능하여 파산자가 속출하자, 네덜란드 정부가 개입함으로써 거래액의 5~10%만 지불하는 것으로 수습되어 일단 파국은 모면하였다. 이 공황은 생산의 확장에 기인하지 않은 전 前자본주의 공황의 대표적인 실례라고 할 수 있다. 『두산세계대백과사전』(두산동아, 1999년)의 "튤립공황" 항목 참조

것으로서의 정보에 대한 강조만이 아니다. 오히려 지식은 추가적 비용 없이 다른 이들에 의해 사용될 수 있기 때문에 지식 경제가 더 많이 생산할수록 생산 단위당 비용은 더 낮아진다는 것이다. 즉, 수익 체감 대신 수익 체증이 도래했다는 것이다. 이는 미래에 보다 빠른 성장률을 약속한다고 말해진다. 몇몇 이론가들은 이러한 사고의 선을 훨씬 더 진전시켜 과거의 규칙과 관계가 이제 더 이상 적용되지 않는다고 주장한다. 그러나 이 명제는 이러한 대담한 주장을 동반하는 투기 거품이 붕괴함에 따라 둔덕 speed bump에 부딪혀왔다. 보다 근본적인 수준에서 보면, 과거의 많은 혁신들은 규모 수익 체증과 네트워크 효과를 발생시켰다. 인터넷이나 비디오 같은 기술을 사람들이 더 많이 사용할수록 더 원하게 될 것이라는 생각은 충분히 정확하지만, 전화나 다른 혁신들 또한 똑같은 속성을 가졌다는 사실은 잊고 있다.

신경제 테제는 또한 노동자, 소비자, 시민으로서의 역할에 있어서 대중들에게 미치는 효과에 관한 문제를 제기한다. 신경제는 기업의 위계 구조를 평등화하고 "단순한" 자본에 비해 지식 노동자가 갖는 가치를 증대시킴으로써 노동자들에게 힘을 주었을까? 아니면 경영진이 사용할 수 있는 신기술을 가능케 함으로써 권력의 집중과 집적을 확대시켰을까? 신기술과 더불어 계급 재구조화가 도래했지만, 그것의 본성은 정확히 무엇이며 그 결과는 무엇이 될까? 일부 진영의 낙관주의에도 불구하고, 고용 불안 확대, 실질소득 정체, 의료 등의 복지 삭감, 지적 재산 소유권을 주장하는 기업 자본의 정치권력 증대 등은 그러한 낙천적인 해석을 기각하는 것으로 보인다.

이러한 논의는 또한 우리가 경험한 주요 시장의 "정정들"의 부산물로 인해 최근 몇 달간 더욱 누그러졌다. 그럼에도 불구하고 이것들은 계속해서 두드러지게 될 중요한 문제이다. 여기서 우리는 어떤 종류의 새로움에 관해 논의해야 하는가 하는 문제를 살펴보고, 그리고 나서 거품이 터지고 난 이 시기에 미국 경제와 세계 경제가 띠고 있는 외관에 관해 몇 가지를 이야기할 것이다.

　　나로서는 면방적에 혁명을 가져온 크롬프톤 Crompton의 뮬 방적기와 개인용 컴퓨터(PC)를, 또는 와트 Watt의 증기기관과 인터넷의 영향력을 어떻게 비교해야 할지 모르겠다. 섬유 산업에서의 생산비 저하가 영국의 성공의 기반이라고 배운 것과 마찬가지 방식으로, 현재의 경제 재구조화를 데이터 처리 비용 저하 덕분으로 돌릴 수 있을까, 아니 그래야 할까? 증기력의 비용이 극적으로 떨어지면서 18세기에 산업화가 더 광범위하게 가속화되었다. 내 생각에 정보기술의 이와 유사한 비용 감축 능력에 관해서는 이미 충분한 증거가 존재한다. 이러한 새로운 과정들은 화학 및 기계 산업에서의 새로운 발전과 전기와 내연기관이 산업 생산에 미친 영향이 생산과 사회적 삶의 본성을 광대하게 변화시킨, 1세기 전의 2차 산업 혁명의 그것과 얼마간 유사하다. 전기와 석유라는 새로운 에너지원은 라디오와 텔레비전, 자동차, 트럭 등을 가능케 만들었다. 사회의 모습을 바꾼 다른 혁신들 가운데 인간과 자본의 가능성을 변화시킨 것으로 전화와 페니실린을 들 수도 있다. 정보기술의 성장은 —— 연예와 기업간 채널을 비롯한 네트워크들을 통해 데이터의 수집, 저장, 복구, 처리 속도를 증대시키고 비용을 저하시킴으로써 —— 우리의 세계를 극적으로 변화시키고 있는 것일까? 나는 그렇게 생각하지만 앞선 두 차례의 산업 혁명의 경우보다는 상당히 덜 극적일 것이다. 한 예로, 한 저명한 생산성 전문가는 컴퓨터가 에어컨이 그랬던 것만큼 경제 성장에 중요성을 갖는지는 분명치 않다고 지적하고 있다.

자본주의는 혁신을 거듭하며 주요한 신기술들은 경제 전반으로 확산되면서 누적적인 성장 순환에 연료를 공급하는 게 분명하지만, 이는 새로운 무엇이 아니다. 데이비드 랜즈 David Landes가 지적했듯이, 1차 산업 혁명은 "누적적, 자립적인 기술 향상을 가져왔으며 그 반향은 경제 생활의 모든 측면에서 감지될 정도였다."²⁾ 현재 볼 수 있는 발전들도 그 정도가 3차 산업 혁명이라고 부르기에는 모자랄지언정 동일한 표현이 적용될 수 있다. 이 발전들 또한 자본 및 노동과정에 배태되어 있고 계급들 사이의 균형을 변화시키며 계급과 산업 및 사회 조직의 형태를 재구성한다. 그러나 일부 자본주의의 열광자들이 지적한 것처럼, "무자비한 시계바늘의 요구"로부터 해방되는 일은 일어나지 않았다. PC와 팩스, 휴대전화는 보다 많은 자유시간을 제공하기보다는 개인적이거나 가족적인, 또는 노동과 관련되지 않은 공동체적 공간을 찾기가 훨씬 어려운 세계로 많은 사람들을 몰아넣었다. 노동과정은 여전히 더 큰 가속화와 강도 높은 통제에 노출되어 있으며, 전지구적 차원에서 확대되고 보다 유연해진 노동력의 발달은 곳곳에서 불평등을 증대시켰다.

1990년대에 접어들어 기업들은 장기근속자를 해고하고 그들의 일자리를 외주나 하청으로 돌리며 그들의 전통적인 노동력을 파견 및 계약직 노동자들로 대체하고 핵심 일자리를 보다 작은 신경제 보병대로 전환시키는 등 많은 것을 뻔뻔스럽게 습득했다. 1, 2차 산업 혁명의 기술을 장치할 수 있는 고용주 계급의 힘은, 노동계급이 자신들에게 벌어지고 있는 상황을 이해하고 자본의 약탈에 성공적으로 저항을 시작할 수 있도록 자기조직화를 하기까지, 수십 년간 가혹한 노동조건, 참을 수 없는 노동시간, 강도 높은 노동속도, 기아에 가까운 임금 등의 결과를 낳았다. 각각의 경우에 소수의 일부 노동자 집단과 새로운 중간계급은 혜택을 받은 반면 공공 정책은 노동의 재조직화에 의해 억눌린 절대 다수에 대한 강도 높은 착취를 뒷받침했다. 그러나 앞선 두 차례의 산업 혁명 모두에서 계급의식적인 노동계급이 등장하였다. 세 번째 물결은 노동의 국제화가 확대된 맥락에서 진행되고 있다는 점에서 다르다. 따라서 앞으로 있을 대중적 저항의 물결 또한 보다 국제주의적 성격을 띠게 될 것으로 보인다.

동시에 내 생각에는 신기술이 우리가 살아가는 방식 그리고 상품과 서비스가 생산, 분배되는 방법을 바꾸고 있다는 것 또한 사실이다. 신생 기업들의 대다수가 지구력을 가질 것 같지는 않다. 그러나 그들 가운데 몇몇은 생산수단에 혁명을 가져올 것이며, 지금 우리가 살아가는 시기가 컴퓨터, 더 넓게는 마이크로프로세서, 레이저와 광섬유의 결합, 인공위성, 그리고 일군의 다른 결정적인 기술들이 가져온 혁신적 상승효과의 물결에 의해 훗날 뒤돌아보면, 앞선 산업 혁명들이 오늘날 우리에게 보이는 것과 마찬가지로, 독특하게 보이는 그러한 시기임을 받아들일 이유는 충분히 있다. 그러한 발전의 단절성을 강조하는가, 아니면 본질적 연속성을 강조하는가 하는 것은 부차적인 문제로 보인다.

나로서는 왜 맑스주의자들이 그러한 발전의 정도와 확산된 영향력에 놀라야 하는지 모르겠다. 맑스와 엥겔스가 『공산주의 선언 *The Communist Manifesto*』[김태호 옮김, 박종철출판사, 1998]에서 지적한 것처럼, "부르주아지는 생산 도구들에, 따라서 사회관계들 전체에 끊임없이 혁명을 일으키지 않고서는 존재할 수 없다." 그들이 이 문서에서 다른 무엇보다도 통찰력 있게 묘사한 세계화는 오랫동안 자본주의 체제의 작동에 중심적이었던, 지리적 확장을 통한 저임금 노동자에 대한 탐색을 계속한다. 랜즈가 초기 자본주의에 관해 쓰고 있듯이, "농촌 매뉴팩

처들은 ── 매뉴팩처 도시의 교외들로부터 인근 골짜기로 옮겨가고 접근하기 힘든 산악 지역으로 몰려가며 평지(이 경우에는 가능한 가장 낮은 임금)를 찾아 흐르는 물처럼 퍼져가면서 ── 새로운 지역을 개척함으로써 손쉽게 팽창하였다. 16세기 말에 이르러 모직 산업이 월트셔 Wiltshire와 서머셋 Somerset의 골짜기들을 채우고 웨일즈의 습지를 따라 번창하기에 이른 것은 바로 이러한 방식을 통해서였다."3)

　이와 마찬가지로 인터넷은 전통적인 기업 활동에 드는 비용을 극적으로 낮춤으로써 예상치 못한 기회를 제공하면서 분명 경제를 계속해서 변혁시킬 것이다. 제품 개발 시간은 컴퓨터를 이용한 시제품 고안과 실험으로 단축되고 재고 관리의 규모와 비용은 창고 관리와 적시 운송으로 절감된다. 트럭 운전사들은 운행하는 도로 위에서 실시간으로 업무를 점검할 수 있으며 건설 하청업자들은 즉석에서 청사진 변경을 공유하고 현장 업무 일정을 조정할 수 있다. 의학 실험이 더 빠르게 진행되어 그 결과가 진단과 함께 멀리 떨어진 장소로 전달될 수 있다. 골드만 삭스는 항공기계, 삼림업, 미디어와 광고, 자동차, 철강 같은 산업들에서 초기의 사업간 절감액이 10내지 25% 범위에 이르는 것으로 추정하고 있다.4)

　100년 전에, 다가올 세기의 대부분 동안 미국 경제를 지배하게 된 거대 생산회사들인 유에스 스틸 U.S. Steels과 스탠더드 오일 Standard Oils이 세상을 놀라게 만든 합병을 통해 형성된 것과 마찬가지로, 오늘날 우리는 21세기 경제의 기반이 창출되는 것을 보고 있는 건지도 모른다. 시스코 Cisco, 루슨트 Lucent, 노텔 Nortel과 같은 새로운 거인들의 대다수는 가문 家門의 이름을 갖고 있지 않으며, 마이크로소프트 Microsoft나 인텔 Intel처럼 이제는 익숙해진 거인들조차 새로운 풍경이

다. 1960년 당시 미국의 25대 기업 가운데 단 네 곳만이 새 천년의 출발
점인 지금까지 여전히 명단에 이름을 올려놓고 있다. 오래된 기업들이
쇠퇴하고 사이버 경제에서 두드러진 새로운 기업들 —— 핀란드의 노키
아 Nokia나 스웨덴의 에릭손 Ericsson 등—— 이 그들의 자리를 차지하면
서 세계적으로도 비슷한 변화가 진행되고 있다. 가장 두드러진 사례는
영국 기업인 보다폰 Vodafone으로, 1세기 이상 여러 형태로 명맥을 이어
온 만스만 Mannesmann을 독일 역사상 외국 기업에 의한 최대의 합병이
자 최초의 적대적 합병을 통해 집어삼켰을 당시 20년도 채 안 된 기업이
었다. 신경제라는 영토를 지배하려는 싸움은 가속화되고 있다.

신경제의 혜택이 커짐에 따라 그 일부가 되기 위한 비용은 줄어들고
있다. 1950년대 초반 이래 새로운 컴퓨터의 가격은 연평균 거의 20%씩
떨어졌다. 1954년에 정보기술에 대한 지출은 총 설비투자의 7% 미만이
었지만 오늘날에는 50%에 이른다. 한편 21세기형 산업들의 구조는 수
렴을 통해 계속적으로 변형되고 있다. 컨텐츠 content와 딜리버리
delivery, 일반 전화와 휴대 전화, 음성 전송과 데이터 전송 등의 상호침투
가 이루어진다. 전화와 라디오, 텔레비전이 한꺼번에, 그리고 수많은
경쟁적 방식을 통해 전달될 수 있다. 그러나 이러한 혁신들은 하루 24시
간, 1주일 7일 내내 사람들을 연락할 수 있게 만듦으로써 노동시간을
연장시켰다. 이 혁신들은 직원들의 노동과 통신을 감시할 수 있는 경영
진의 능력을 향상시켰다. 정교한 소프트웨어가 "노동조합" 같은 단어를
찾기 위해 직원들의 전자우편을 정밀 검색하는 한편, 처리한 주문 개수,
타이핑한 단어들, 실행한 청구서 등이 감독자들이 비교할 수 있도록
직원들에 의해 자동적으로 전산화되고 정렬된다. 방문하는 사이트와
구매하는 물품 등이 수집됨으로 인해 인터넷 개인 이용자들이 추적당하

고 그들의 은밀한 비밀이 캐내어진다. 이용자들의 소비자 프로필은 판매 활동을 규격화하려는 광고주들에게 팔린다.

앞선 자본주의적 팽창의 물결에서와 마찬가지로, 사적 이윤의 극대화는 사회적 요구와 충돌하며 기술은 노동대중을 희생시켜 자본에 봉사하는 방식으로 발전한다. 데이비드 코츠 David Coates가 지적했듯이, "현대적 형태의 세계화는 컴퓨터의 확산보다는 프롤레타리아의 증식에 기반한 과정이다. 전세계 프롤레타리아 규모의 성장과 그 지리적 무게 중심의 변화 —— 단순한 자본 이동성의 향상은 아니다 —— 는 전지구적 자본주의라는 현 단계를 규정짓는 특징들이다."5) 주류의 담론에서 이는 흔히 간과되거나 부정되며, 다른 한편 강화된 노동 착취는 신경제의 놀라운 업적에 이바지하는 요인으로 찬양받는다.

물론 하이테크는 이 부문 노동자들 대다수에게 고임금 일자리를 공급하지 않는다. 닷컴의 과거 억만장자들(이들 대다수는 실업 상태인 반면 다른 이들은 여전히 억만장자이다)과 스톡옵션 직원들(이들은 스톡옵션 대신 의료혜택과 고용 안정, 연금을 선택했다면 좋았을 텐데라고 후회하고 있을지도 모른다) 밑에는 결코 많은 것을 가져본 적도 없고 하이테크 세계를 지배하는 저명인사들보다 압도적으로 수가 많은 하청 계약자들이 있다. 실리콘 밸리 Silicon Valley의 전자 산업은 여전히 전지구적 조립라인의 일부분이다. 실리콘 밸리의 이면에는 터무니없이 높은 집세를 요구하는 과밀 지역에 모여 살면서 집에까지 가져와서 납품 시한을 맞춰야 하는 일에 시간당 4~5달러를 받는 멕시코인이나 캄보디아인들이 존재한다. 산타클라라 카운티의 홈리스 중 40%가 일자리를 갖고 있다. 벌어들이는 소득으로 살 곳을 구할 수 없기 때문인데, 이는 교사나 소방수, 경찰도 마찬가지이다. 기업주들이 실시한 한 조사에 따르면, 실리콘 밸리에는 일자리가 넘쳐나며 실제로 이 지역 "하이테크" 일자리의 3분의 1 이상이 구걸하는 처지이다. 이는 이들 대다수가 닷컴 기업들 —— 몇몇은 세계에서 가장 수익성 좋은 기업이다 —— 을 위해 비용을 낮게 유지시키는 하청 제조업과 서비스 일자리의 외주에 종사하고 있기 때문이다. 실리콘 밸리 주민의 대다수는 유색인종이며 멕시코 이민자가 많다. 산타클라라 카운티 노동력의 42%는 파트타임, 임시직, 계약직, 자영업에 종사하고 있는데, 이는 1980년대에 비해 두 배가 늘어난 것이다. 회복과 번영은 공유되지 않았다. 일반적으로 볼 때 이 나라의 낮은 실업률은 행복의 지표라고 보기 힘들다. 노동자 대부분의 실질임금은 정체 상태이며 하위 40%의 경우 상당히 하락해왔다.

주식시장에 대해 갖는 중요성에도 불구하고 신경제는 전반적인 번영을 낳고 있지 않다. 신경제는 흔히 속지 경제 enclave economy이다. 실제로 신경제는 국내와 "벨린다 Belinda"에서 점증하는 불평등의 일부분이다. 벨린다는 이중 경제를 가진 전형적인 나라이다. 벨린다는 벨기에에 필적하는 고숙련의 자본집약적인 부문을 갖고 있는 반면 대부분의 시민은 인도와 유사한 상황에서 살아가고 있다. 인도 자체가 벨린다일 뿐만 아니라 남아공, 브라질, 그리고 엄청나게 불평등한 다른 많은 나라들 또한 마찬가지이다. 이러한 불균등 결합 발전의 패턴은 물론 전혀 새로운 것이 아니다.

다음 4반세기에 노동력으로 참여하게 될 10억 노동자의 99%가 오늘날의 저소득·중간소득 나라들에서 살아갈 것이라는 점을 유념하는 게 좋을 것이다. 세계은행에 따르면, "부유한 노동자와 가난한 노동자들이 수렴되는 전지구적 경향은 존재하지 않는다." 세계은행의 연례 보고서가 지적하고 있듯이, "실제로 가난한 나라의 노동자들이 한층 뒤떨어 질 위험이 있다."⁶⁾ 이것은 합법, 비합법을 막론하여 이민이 계속될 것이 라는 점뿐만 아니라 거대한 노동 예비군이 존재하며 더 거대한 노동 예비군이 발생하고 있다는 사실을 의미한다. 이는 핵심부의 저숙련 노 동자들뿐만 아니라 고숙련 노동자들의 생활수준에도 위협을 제기한다. 인도 방갈로레 Bangalore의 컴퓨터 프로그래머로부터 멕시코 메리다 Merida에서 미국 시장용 인공 치아와 치관 齒冠을 만드는 고숙련 기술자 들에 이르기까지 주변부에서는 상대적으로 저임금인 숙련 노동자들이 점차 풍부해지고 있다.

신경제로 인해 기업들은 경쟁력이 없거나 남아도는 노동자들을 폐 기 처분하는 한편 자국이나 해외에서 새로운 노동자들을 보충할 수 있다. 공표된 정리해고 계획을 모니터하는 인사 상담 기업인 챌린저 앤 그레이 크리스마스 Challenger, Gray & Christmas에 따르면, 이 나라 역사에서 가장 긴 회복기의 정점으로 판명될지도 모르는 1999년에 공표 된 미국의 정리해고는 67만5천 명에 이르렀다. 이에 필적하는 수치는 불황기인 1989년의 11만1천 명뿐이다. 공개적으로 발표되지 않는 정리 해고까지 포함한 수치를 정리하는 노동통계국 Bureau of Labor Statistics 에 의하면 1999년의 총 정리해고 건수가 150만을 초과했다고 한다. 이데 올로기적 환경이 너무나도 변화된 지금, 기업들은 일부 노동자를 해고 하고 자신들이 선호하는 다른 노동자들을 고용한 결과 야기되는 역효과 에 신경 쓰지 않는다.

정치가와 경제언론들의 신경제 찬양을 더 잘 이해하려면 주식시장 에서의 하이테크 부문의 성장과 다른 곳에 널리 확산된 정체, 절대 다수 의 실질임금의 정체나 하락 사이의 연계를 분명하게 밝혀야 한다. 기술

진보의 이면에는 과거와 똑같은 자본주의의 불안정성과 사회관계가 자리잡고 있다.

2001년의 출발점에 모건 스탠리 딘 위터 Morgan Stanley Dean Witter 의 수석 경제학자인 스티븐 로치 Stephen Roach는 우리가 경험하고 있는 것을 "우리에게 필요한 불황"이라고 표현했다. 기업들은 무차별적으로 불필요한 컴퓨터를 구입하고 소프트웨어를 업그레이드했으며 저축은 갑자기 내리막을 달렸고 미국은 해외로부터 너무 많은 돈을 차입했지만, 불황이 이 모두를 해결할 것이라는 말이었다.[7] 그러나 설사 컴퓨터와 기술에 대한 지출이 전반적으로 지나친 것이었더라도, 그것은 또한 정연한 생산성 증대와 전반적인 낙관주의, 그리고 아무리 협소하게 공유되었든 시장의 번영의 원인이었다. 이러한 낙관주의는 차입한 돈과, 주식 보유로부터 부풀려진 명목상 부를 반영하는 지출에 근거한 것이었다. 우리에게 정정이 필요할지도 모르지만 그 이면은 예측하기 어려우며 많은 이들이 우려하고 있다.

1990년대의 미국의 성공과 더불어 해외 통화에 대한 의존 확대와 소비자 및 기업 부채의 증가가 도래했다. 새 천년이 시작되는 시점에서 외국인들이 미국에 투자한 액수는 6조 달러를 넘어서고 있었다(미국인의 해외 투자는 2조5천억 달러였다). 현재의 계정 적자, 즉 해외 투자에 의거하여 벌어들인 소득을 비롯한 상품과 서비스의 순 흐름 net flow은 현재 GDP의 4% 이상인데 이는 다른 많은 나라들에서 자본 도피를 낳을 수 있는 수준이며, 경제가 저하됨에 따라 4천억 달러에 이르는 현재의 기록적인 계정 적자를 메우기 위해서는 해외 투자자들에게 의존할 수 없다는 사실이 널리 인식되고 있다. 자본 도피는 여기서 일어날 수 있다. 캘리포니아 버클리 대학의 모리스 옵스트펠트 Maurice Obstfelt와 하버드 대학의 케네스 로고프 Kenneth Rogoff는 1995년에 멕시코 페소화가 그랬던 것만큼 달러가 하락할 수 있다고 지적하고 있다. 프린스턴 대학의 경제학자인 앨런 크루거 Alan Krueger는 미국을 구제할 수 있을 만큼 충분히 큰 국제적 통화당국이 존재하지 않기 때문에 그런 점이 현실적 문제가 될 수 있다고 우려한다.

컴퓨터와 기술에 대한 지출이 높은 생산성과 번영의 원인이었다면, 과잉투자에 뒤이어 느린 성장의 시기가 올 것이다. 그 결과 생산성 성장이 저하되고 실업이 증대될 것이다. 달러가 하락함에 따라 수입 가격이 상승하고 인플레이션이 전반적으로 가속화되며 금리가 상승하고 지출은 더욱 저하될 것이며, 우리는 다시 한번 스태그플레이션을 보게 될지도 모른다. 『비즈니스 위크』의 경제 수석 편집자인 마이클 만델은 『인터넷 공황』이라는 매우 비관적인 책을 썼는데 여기서 그는 신경제의 어두운 미래를 그리고 있다. 이러한 우려가 물질화될지는 물론 여전히 두고 볼 문제이다.

다른 우려 지점들도 있다. 신경제의 일부는, 열렬히 환영받았지만 아직 경기 하강의 시험을 견뎌내 본 적이 없는 수많은 새로운 도구들을 만들어낸, 1990년대의 금융 혁신이었다. 금융 파생상품 계약들의 추상적 가치인 90조 달러 이상은 그것의 중요성을 과장하고 있지만, 그러한 계약의 존재와 실제 경기 하강기에 그들 대다수가 지불되지 않을 가능성은 롱텀 캐피털 매니지먼트 Long Term Capital Management ── 노벨상을 수상한 금융 경제학자들이 운영하여 높이 평가받았지만 1998년 연준의 개입을 통해 구제받은 기업 ── 의 파산 위기로 위협받은 붕괴가 훨씬 더 나쁜 사태를 예시하는 것일지도 모른다는 점을 시사한다. 민간은행들이 자본시장과 관련하여 자금의 원천으로서의 중요성이 떨

어짐에 따라, 개도국들이 다시금 채무불이행을 위협할 경우 조절 당국
이 워크아웃을 조정하는 것은 더 어려워질 것이다. 실제로 은행들 자체
가 주요한 도박꾼이 되었으며 수익의 점점 더 많은 몫을 고위험 대부로
부터 얻고 있다. 체이스은행 Chase의 경우 1999년 순수입의 22%가 벤처
캐피털 소득이었는데, 이는 대규모 금융기관들과 그 그늘 아래 살고
있는 나머지 우리들에게 미치는 위험을 시사하는 놀랄 만한 수치이다.

1990년대에 기업 구조의 수평화와 (어딘지도 모르는 곳에서 나타나
서 "자신들의 점심을 먹어치울지도 모른다"는 위협을 제기한 건방진
신설기업들의 도전을 받은) 기존 기업들의 권력의 종식을 신호한 신경
제는 이제 다소 다르게 보인다. 인수합병은 지난 세기 전환기와 유사하
고 심지어 그것을 뛰어넘는 전례 없는 집중과 집적의 파고를 만들어내
고 있다. 지금 우리는 경제 및 정치 권력의 엄청난 증대를 표상하는
국경을 가로지르는 합병과 전략적 연합을 목격하고 있다. 신경제는 분
명 현실이지만 이 현실은 자본의 힘이 초국가적 수준에서 급격하게
성장하는 현실이다. 이것이 주목하고 대응해야 하는 신경제의 현실이다.

워싱턴 당국은 사이비 10년 예측에 근거해서 기업 부유층에게 얼마
나 많은 세금을 감면해주어야 하는지에 관해 주장하고 있지만, 의료,
교육, 사회복지 지출에 대한 노동대중의 실질적 요구는 충족되지 않는
다. 결국 과거와 똑같은 경제 체제인 것이다.

주

1. "New Economy, new questions," *Financial Times,* February 8, 2001, 14쪽.

2. David S. Landes, *The Unbound Prometheus: Technological Change and Industrial Development in Western Europe from 1750 to the Present*(Cambridge: Cambridge University Press, 1969), 3쪽.

3. 같은 책, 57쪽.

4. David Coates, *Models of Capitalism*(Cambridge: Polity Press, 2000), 256쪽.

5. David Coates, *Models of Capitalism*(Cambridge: Polity Press, 2000), 256쪽.

6. World Bank, *World Development Report 1995; Workers in an Integrated World*(New York: Oxford University Press, 1995), 7~8쪽.

7. Stephen S. Roach, "The Recession We Need," *New York Times,* January 4, 2001, A27쪽.

2
"신"경제와 노동운동

마이클 D. 예이츠 Michael D. Yates *

신경제? 오늘날 우리는 —— 대부분 입증되지 않았고 과장된 —— 신경제에 관한 수없이 많은 이야기를 듣고 있다. 가령 미국의 소비자들은 전례 없이 자신들의 개인적 필요에 특별하게 맞춰진 양질의 상품과 서비스에 관심을 갖는다고 흔히들 가정한다. 빠르게 변화하는 기술을 통해 새로운 양질의 생산품이 만들어지면서 소비자 요구 또한 끊임없이 변화한다. 이러한 급속한 변화는 기업들에게 새로운 요구를 제기한다. 기업들은 유연성을 극대화하고 생산라인을 신속하게 변화시키며 고도로 차별화된 소비자 요구를 충족시킬 수 있어야 한다. 모든 것이 고객의 만족에 맞게 조정되어야 한다. 자신의 고객들을 신속하고 견실하게 만족시키지 못하는 기업은 과거 어느 때보다도 빠르게 몰락할 것이다. 가능한 선택의 범위가 엄청나게 넓다는 사실은 고객들이 신속한 만족을 제공하지 못하는 기업에게 충성을 바치지 않을 것이라는 점을 의미한다. 최근 한 인터넷 서점은 당일 배달을 약속했다!

소비자들의 새로운 식별 능력을 가능케 만드는 것은 새로운 전자기

* 존스타운 피츠버그 대학 경제학 교수. 『왜 노동조합이 중요한가 Why Unions Matter』 (Monthly Review Press, 1998)의 저자이다.

술이다. 프로그래밍이 가능한 기계와 로봇, 고속 컴퓨터 등은 기업들로 하여금 상대적으로 작은 생산량을 수익성 있게 생산하고 이 생산을 신속하게 변경시킬 뿐만 아니라 구매와 생산, 판매를 보다 효율적으로 조정할 수 있게 만들었다. 거대한 고정자본과 융통성 없는 조립라인을 가진 과거의 대량생산 기술을 고수하는 기업들은 경쟁력 싸움에서 패배할 운명에 처해 있다. 따라서 기업들은 신속하게 변화하는 소비자 수요를 충족시키기 위해 새로운 기술과 생산품을 빠르게 도입할 수 있도록 자유롭게 혁신해야만 한다. 전 노동장관 로버트 라이시 Robert Reich가 예견하듯이, 최첨단 기업들은 소수의 핵심 고숙련 관리자들과 극히 제한된 생산설비로 구성될 것이다.[1] 이들이 작업을 할 노동자들을 공급, 고용하는 하청업체들과 수많은 유연한 관계를 유지하게 될 것이며, 이 하청업체들은 다시 작업의 일부를 하청 주고 하청 고리의 맨 밑바닥에는 수백만의 초유동적이고 독립적인 도급업체들이 자리하게 될 것이다.

신경제에서 미숙련 노동자들은 있을 필요가 없다. 발달된 전자기술을 사용하는 유연생산은 유연하고 고도로 훈련된 노동자들을 요구한다. 이 노동자들은 교육 수준이 높을 뿐만 아니라 끊임없이 변화하는 기술의 미묘한 차이를 습득하기 위해 계속해서 재교육을 받게 될 것이다. 경영진들의 스승인 탐 피터스 Tom Peters*는 최근 한 라디오 토크쇼에 나와 철강 —— 과거에 여기서는 기골이 장대하고 지능이 낮은 노동자들에 의해 뜨겁고 더러우며 시끄러운 제조공장들에서 생산품이 만들어

---

* [옮긴이] 스탠포드 대학 경영학 박사로 세계적 컨설팅회사인 맥켄지를 거쳐 경영 평론가로 활동하고 있다. 『최고를 찾아서: 미국 최고의 기업들이 주는 교훈 *In Search of Excellence: Lessons from America's Best-Run Companies*』(Warner Books, 1988) 등의 '경영 바이블'로 유명하다.

졌다——같은 중공업에서조차 지금은 고도로 숙련된 "지적인" 노동자
들에 의해 깨끗하고 기술적으로 발전된 작업장에서 작업이 행해진다고
지적했다. 두 말할 나위 없이, 이러한 점에서 오늘날 중공업에 적용되는
사실은 우리 노동력의 5분의 4 가량을 흡수하고 있는 서비스–생산 산업
들에 있어 훨씬 더 사실이다. 한 저술가에 따르면, 바로 이러한 점에서
"노동자의 숙련이 가장 가치 있는 기여가 되는 장인 경제 craft economy
의 동시대적 판본으로의 복귀"가 진행된다. "새로운 장인 노동자들은
기업 경영인, 컨설턴트, 마케팅 및 금융 전문가들과 더불어 과학 및
기술 연구자, 컴퓨터 전문가들이다."[2]

고용주는 새로운 숙련 노동력을 존중하고 기업 운영에 전면적으로
참여시켜야 한다. 현대의 경영은 생산의 협력적 성격에 초점을 맞추고
있으며, 종종 "동료"라 지칭되는 노동자들은 이제 더 이상 조작되어야
할 일손이 아니라 기업이라는 팀의 성원으로 간주된다. 실제로 이제
고용주들은 완전한 인간의 성장에 일상적으로 관여하며, 노동자들에게
회사를 그들의 사회적 삶과 노동하는 삶이 창조적 전체로 통합되는
공간으로 보라고 촉구한다. 스톡옵션과 이윤 공유는 동료들과 기업의
이해를 한층 통합시킨다.

신경제는 전지구적 경제이다. 이제 자본은 어느 때보다도 빠르게
이윤을 좇아 전세계를 이동한다. 순간이동의 속도로 세계를 가로지르
는 금융자본과 이보다는 느리지만 그래도 충분히 빠르게 움직이는 물리
적 자본 모두 이제 더 이상 어느 한 국가의 경계 안에 구속되지 않는다.
정보기술을 통해 기업들은 고비용 지역에서 저비용 지역으로 이동하고
전세계적인 투입–산출 연쇄로 생산을 통합시킬 수 있게 되었다. 미국에
본부를 둔 보험회사가 아일랜드 서부에 있는 재택 노동자들에게 사무를

보게 할 수 있다. 인도의 컴퓨터 프로그래머는 전세계 어디에서든 사용할 수 있는 프로그램을 개발할 수 있다. 세계화는 또한 민족국가가 이제더 이상 자본을 규제할 수 없음을 의미한다. 한 나라가 자본을 통제하려하자마자 자본은 이 나라를 떠남으로써 통제조치들을 철회, 제거하도록 강요한다. 다시 말해, 자본은 끊임없이 민족국가를 초월한다.

마지막으로, 신경제의 광적 옹호자들은 현대 기술이 생산성을 실질적으로 상승시켜 이제 우리는 전례 없는 생명력을 지닌 장기 경제 호황의 출발선에 서 있다고 생각한다. 『비즈니스 위크』의 편집진의 말을빌자면, "혁명적 기술과 급속한 세계화는 … 생산성을 솟구치게 만들어낮은 인플레이션과 적절한 실업을 동반한 보다 빠른 성장을 가능케할 것이다."3) 신경제가 성장함에 따라 수많은 새로운 이해관계자들stakeholders ── 주식 보유나 연금 계좌를 통한 자산소유자들 ── 이창출될 것이다.

노동조합의 자리는 없다

신경제는 노동조합에 우호적이지 않다. 이제 노동조합들은 노동대중의이해를 방어할 능력을 잃었으며, 끊임없는 유동과 변화를 겪는 이 세계에서 어떠한 역할이라도 하려 한다면 그들 자신을 철저하게 재구성해야할 것이다. 역사적으로 노동조합은 계급투쟁의 도구였다. 노동조합의기초는 노동자와 고용주의 이해가 대립되며 화해 불가능하다는 사고이다. 자본주의는 개별 노동자들을 무력하게 만들기 때문에 그들은 고용주들에 맞서 임금인상, 노동시간 단축, 고용 기간 및 조건, 그리고 존엄

성과 존중을 지켜내기 위해 공통된 대중으로 함께 해야 한다. 그러나 신경제에서는 이 모든 것이 변화된다.

위에서 언급한 새로운 측면들 각각과 관련해서 노동조합이 시대착오적이라는 강력한 주장이 제기될 수 있다. 신경제에서는 사람들이 스스로를 일차적으로 —— 항상 그들의 삶을 향상시킬 수 있는 새롭고 보다 나은 생산물을 찾아 두리번거리는 —— 소비자로 동일시한다고 한다. 각 개인은 —— 주로 소비를 통해 —— 하나의 개별적 인간 존재로서의 그 또는 그녀의 완전한 잠재력을 개발하려 노력하는 독특한 개인으로 묘사된다. 노동조합 의식의 근저인 연대나 공통의 규칙 같은 개념들은 개별 소비자에게는 낯설다. 노동조합은 신경제에서 그토록 찬양받는 개인성의 상실을 의미한다. 사람들이 어떠한 집단적 정체성을 갖는 한, 그것은 포괄적인 이해 집단의 성원으로서이다. 사람들은 깨끗한 환경을 지지하는데, 이는 낭비를 줄이고 재활용하며 황무지 클럽 wilderness clubs*에 참여하고 정원을 만드는 개인들로서 이를 받아들인다는 점에서이다. 또 사람들이 일류 학교를 선호하는 이유는 자신의 아이들이 신경제에서 승자 勝者로 자라날 수 있도록 하기 위해서이다. 또한 건강식품을 먹고 운동을 하는 건강광 狂이 되는 이유는 오랫동안 소비자가 되기 위해서이다. 사람들이 이 가운데 어떤 것을 하는 데 노동조합은 필요치 않으며, 심지어 깨끗한 환경(애팔래치아 산정 山頂에 대한 기업의 파괴를 금지한 판사의 판결에 대해 광부노조가 반대하는 경우)이나 일류 학교(교사노조가 공립학교 교사들에 대한 정기적 시험

* [옮긴이] 1960년대 미국에서 시작된 운동으로 물질문명에서 이탈, 자연상태를 동경하며 원시로 되돌아가자는 취지 아래 자연과 인간의 융화와 공생을 찾아 산야를 두루 다니며 자연에서 참된 삶을 배우려는 사상과 실천 활동을 가리킨다.

에 반대하는 경우) 등에 걸림돌이 되는 것으로 보일지도 모른다.

신경제 아래서 사람들은 노동자로서 두 가지 환경 가운데 하나 속에서 스스로를 발견하게 된다. 그들은 스스로를 끊임없이 고용 가능하게 만들면서 자신들의 "인적 자본"에 바쁘게 투자하는 독립된 계약자일 수 있다. 이 사람들은 스스로가 노동자보다는 독립 경영자에 더 가깝다고 생각할 것이다. 이들은 비슷한 상황에 처한 개인들과 네트워크를 구성할지도 모르지만 그들에게 연대를 보여주진 않을 것이다. 사실 개별 중소 기업주들이 서로서로 경쟁하고 있는 상황에서 그러한 행동은 매우 위험한 일이다. 일자리나 장소를 옮겨다니고 자신들의 급료를 임금이 아니라 서비스에 대한 가격이라고 생각하는 독립적인 개개의 계약자들은 노동조합이라는 사고에 냉담한 반응을 보일 것이다.

다른 한편, 실제 작업장에서 일하는 자기 자신을 발견하는 경우에, 사람들은 새로운 작업장에서는 고용주들이 노동자 친화적인 환경을 만들어내서 대부분의 피고용인들이 노동조합을 불필요하게 생각한다는 점을 깨닫는다. 오늘날의 기업들은 과거에 비해 수평적인 위계를 갖고 있으며 이는 고용주와 피고용인 사이의 거리가 전만큼 멀지 않음을 의미한다. 현재 고용주들은 스스로를 "동료들"이 작업장 안팎에서 개인적 성장을 이룰 수 있는 작업장을 제공하는 주체로 간주한다. 한 학자가 지적하듯이, 감독자는 이제 더 이상 보스가 아니라 "개인간 소통을 위한 의미심장한 모체 matrix"이다. 고용주들은 직장 내 훈련, 스톡옵션, 이윤 공유, 온라인 및 오프라인 교육 등과 같은 일련의 혜택을 제공함으로써 동료들에게 회사와 자신을 동일시하라고 장려한다. 그들은 또한 오락시설과 친목행사, 다양한 유형의 상담 같은 기분 전환거리를 갖춰준다. 왜 노동조합에 가입해서 고용주가 이미 제공하고 있는 것들을 얻으려 조합비를 내겠는가? 불과 얼마 전에 나는 노동조합을 결성하려는 몇몇 노동자를 돕기 위해 펜실베니아 주 미드빌 Meadville에 있는 한 유리공장을 방문한 적이 있다. 신경제 아래 성장한 젊은 노동자들이 "동료"라고 불리길 선호하고 스스로를 노동조합이 아니라 회사와 동일시하는 것을 보는 건 흥미로운 경험이었다. 그들에게 노동조합은 자기들 공장의 적이었고 다른 기업의 노동자나 심지어 그들 기업의 다른 공장에서 일하는 노동자들조차 적이었다.

기업에 대한 충성이라는 개념의 주주가 되지 않은 노동자들 역시 고용주에 공감할지도 모른다. 그들은 끊임없이 올라가는 임금과 복지를 좇아 이 고용주에서 저 고용주로 뛰어다니며 그들의 마음 속에는 가까운 장래에 자기 자신이 기업주가 된다는 목표가 있을 것이다. 이러한 노동자들은 노동조합을 결성하려 하지 않는다. 그들은 확실히 노동조합 선임자와 노동 규칙에 의해 질식당하길 원치 않을 것이다. 그들은 각자의 개인적 장점으로 판단되길 원하며 할 수 있는 어떤 일자리든 자유롭게 해보길 원할 것이다.

신경제의 전지구적 성격은 노동조합에 적대적이다. 이동성 자본은 단순히 노동조합을 피해 다니거나 아니면 노동조합이 살아남을 수 없는 조건을 창출한다. 미국의 제조공장들은 노동 비용이 너무 많이 증가할 때면 언제든지 멕시코나 다른 저임금 피난지로 옮겨갈 것이다. 미국 컴퓨터 프로그래머들이 노동조합을 결성할 경우, 그들의 일은 극히 적은 비용이 드는 인도나 중국의 프로그래머들에게 하청으로 넘겨질 수 있다. 앞서 지적했듯이, 모든 종류의 사무직 노동은 국내 가정에서 일하는 여성들이나 해외로 이전될 수 있다. 또한 어떤 나라의 정부가 노동자를 보호하거나 노동자 조직화를 용이하게 하는 입법을 제정할 경우,

금융적, 물질적 형태의 자본 모두 그 나라를 떠남으로써, 해당 정부에게 경제가 주춤거리게 놔두거나 법안을 철회하거나 양자택일을 강요할 것이다. 국제 노동조직들이 이러한 문제의 해결책으로 보일지도 모르지만, 언어와 문화, 거리 등의 장벽은 이러한 전망을 불가능하게 만든다.

　　마지막으로, 만약 우리가 유례 없는 번영의 미래로 경제를 나아가게 하는 미증유의 폭발적인 생산성 성장의 한가운데 있다면, 노동자들은 노동조합을 결성할 필요가 없다. 사람들이 학교에 다니고 스스로를 컴퓨터 전문가로 만들며 기업의 훈련 프로그램을 이용함으로써 자신들의 "인적 자본"에 투자함에 따라 그들의 임금은 자동적으로 상승하며 결국 그들은 스톡옵션을 현금화할 수 있게 될 것이기 때문이다. 노동 생산성이 상승함에 따라 임금도 오른다는 것은 신고전파 경제학(신경제의 경제이론)의 공리이다. 이는 강력한 경제 성장기에 고용주들이 이들 고숙련 노동자들을 얻으려 노력하고 시장의 힘이 자연스럽게 임금을 올려 부르기 때문이다. 이런 환경에서 계급투쟁은 시간과 노력을 낭비하는 것이다. 노동자들이 해야 할 일이라곤 생산성을 높이고 경제 무임승차 gravy train를 즐기는 것뿐이다.

사회민주주의적 반대

신경제에서 노동조합이 불필요하다는 관념은 미국 외부에서 자유주의자나 사회민주주의자라 불리는 사람들에게는 어울리지 않는다. 이 자유주의자들 가운데는 정치인뿐 아니라 노자관계 분야의 많은 학자들도 있다. 사회민주주의자들은 신경제의 군건한 신봉자이자 주창자인 동시

에 여전히 노동조합이 신경제의 중요한 구성요소가 될 수 있고 되어야
한다고 주장한다. 노동조합은 시장에 고유한 일정한 비효율성을 극복
하며 실제로 신경제를 훨씬 더 빠르게 성장시킬 수 있는 한편, 동시에
개별 노동자들을 도와 보다 쉽게, 그리고 보다 적은 개인적 비용으로
그들의 목표를 이루게 한다는 것이다. 그러나 이러한 일을 하기 위해서
는 노동조합이 완전히 변모되어야 한다. 결국 신경제에서는 새로운 노
동조합이 필요하다.

　자유주의자와 사회민주주의자들은 시장을 둘러싼 경쟁력 싸움에
서 승리할 수 있는 경제를 만들기 위해 가급적 국가의 후원 아래 고용주
들과 협력해야 한다고 역설한다. 다시 말해, 노동조합은 고용주를 도와
전지구적 시장에서 경쟁 우위를 점해야 한다는 것이다. 이렇게 함으로
써 노동조합은 개별 노동자의 자조 自助 능력을 실제로 향상시킬 수
있다. 신경제에 포섭된 노동조합을 보유하는 이점은 그들이 고용주들
로 하여금 계속 준비하게 만들고 수익성을 향한 "값싼 길 low road"(저임
금 노동자를 이용해 조잡하거나 평균적인 질의 상품을 생산하는 것으로
단기적으로는 수익성이 있을 수 있으나 장기적으로는 그렇지 않다)을
택하는 것을 막는다는 것이다. 런던에 있는 대학들의 세 명의 노자관계
전문가들은 최근 저서에서 이러한 입장을 훌륭하게 요약하고 있다.

　　코찬 Kochan과 피오리 Piore는 노동조합 지도자들이 고용주들과의 공동
　　노력에 보다 적극적으로 임하고, 개별 피고용인들을 그들의 직무에 영
　　향을 미치는 작업장 이슈에 관한 의사결정 과정에 보다 직접적으로
　　결합시키며, 한층 유연하고 생산적인 노동 체제의 요구에 따라 현재
　　규칙을 개조해야만 할 것이라고 제안한다. 아울러 노동조합 지도자들

은 고위 경영 기획 및 의사결정에 보다 많이 접근, 참여할 수 있도록 계속 압박할 필요가 있다. 스탠리 크라우치 Stanley Crouch는, 고용주들이 기업 차원의 새로운 인사 정책을 수립하려 할 경우, 노동조합의 과제는 수립되는 새로운 참여 통로에 관여함으로써 노조 자신이 노동자들에게 유용하게끔 만드는 것이라고 지적한다. 노동조합의 반응이 그러한 통로가 노동자들에게 실질적인 권한을 주지 못한다는 부정적인 것일 경우, 노동자들 스스로 개인적으로 유용하고 어떤 의미에서는 보다 관료적인 표준적 노동조합 대표 형태보다 선호하는 개입 수준을 찾을 가능성이 크다. 이러한 참여에 대한 노골적인 반대보다는 노동자들로 하여금 이 참여를 최대한 활용할 수 있도록 서비스를 제공하는 노동조합 전략이 보다 현명할 것이다. 노동조합-고용주 관계의 보다 통합적인 모델의 극단적인 사례는 기업 성과를 개선하기 위해 노동조합-경영진 협력을 강조하는 생산성 동맹일 것이다.4)

따라서 새로운 노동조합은 개별 노동자와 개별 기업의 성과에 초점을 두어야 한다. 보다 분명히 말하자면, 노동조합은 노동자를 위한 직무 훈련을 제공하는 협약 조항을 협상하고 이를 위한 재정을 마련하는 데 조력할 수 있으며 또 조합원들에 대한 일련의 대인 서비스에 착수할 수 있다. 이러한 서비스들로는 법률, 보건, 여행 서비스에서 개인 상담, 신용카드, 소비자 신용조합 등까지 있을 수 있다. 노동조합은 기업의 정책이 기정사실이 되기 전에 형성되는 과정에서 역할을 할 수 있도록 기업 이사회나 여타 고위 위원회의 성원 자격을 획득함으로써 기업 의사결정 테이블에서 자리를 얻어야 한다.

노동조합은 여러 가지 방식으로 고용주를 도와 보다 많은 유연성을 얻도록 할 수 있다. 노동조합은 일자리 종류를 제거하는 데 동의할 수 있으며 고용주들이 노동자들에게 다양한 직무를 할당하게끔 용인할 수 있다. 새로운 고용주들은 노동자들에게 다중 숙련을 장려해왔으며 노동조합은 이를 지지할 수 있다. 노동조합은 작업 교대시간 확대와 보다 탄력적인 교대 시간표의 시행을 통한 시간 유연성 확대를 달성하려는 고용주의 노력을 촉진시킬 수 있으며, 비록 높은 수당을 주기는 하지만 의무 잔업을 계획하는 데 동의할 수 있다. 또 노동조합은 하청과 파트타임 및 임시직 노동자 사용에 대한 반대를 줄임으로써 인력 유연성 확대를 도모할 수 있다. 위 인용문의 말미에 기술된 공공연한 생산성 협정의 경우, 전미자동차노조 United Auto Workers의 고문이자 학자인 배리 블루스톤 Barry Bluestone은 전미자동차노조가 연간 6%의 노동생산성 증대를 계약으로 보장해야 한다고 권고하기도 했다!

만약 이 모든 일을 한다면 노동조합들은 자국 자본이 세계적으로 경쟁하는 데 조력하고 따라서 자기 조합원들이 국제 경쟁에 의해 내몰리지 않도록 보장하게 될 것이다. 아울러 자국 자본 및 민족국가와 삼자 동맹을 형성한다면 노동조합은 전세계적 노동기준의 수립을 촉진시키며, 기업들이 "값싼 길"을 택하지 않게 함으로써 노동자들을 어느 정도 경쟁에서 보호할 수 있다. 가령, 미국의 노동–자본–국가 동맹은 (북미자유무역협정 NAFTA 등의) 무역협정이나 IMF, 세계은행, WTO 등과 같은 국제 무역기구들의 운영에서 적어도 최소한의 노동기준을 위해 싸울 수 있다. (유럽연합의 경우처럼) 여러 나라가 공동 시장을 형성하고 있는 곳에서도 이와 유사한 동맹이 (사회 헌장 Social Charter 같은) 국경을 가로지르는 노동기준의 수립에 조력할 수 있다.

노동조합은 다가오는 경제 호황기에 명백한 중요성을 가질 수 있다.

사회민주주의자들은 생산성 성장이 자동적으로 임금을 상승시킨다는 점에 있어 신고전파 경제학자들만큼 낙관적이지 않다. 노동-경영 협력 분위기 속에서 진행되는 단체교섭은 자본과 노동 사이에 생산성 성과가 공정하게 공유되도록 보장할 수 있다. 또 자본, 노동, 국가의 삼자 동맹 은 경제 성장이 적절한 사회 프로그램을 제공할 수 있는 정부의 능력을 향상시킬 수 있도록 한다.

신경제의 정체를 폭로한다

물론 우리가 신경제 아래 살고 있다는 주장에는 어느 정도 사실성이 있다. 컴퓨터는 지구 구석구석에 강력한 광고 메시지를 거의 실시간으 로 전송하는 것을 가능케 만드는 등 상황을 변화시켰다. 분명 컴퓨터는 적어도 미래에 생산비용을 일정 수준 감소하게 만드는 지반을 마련했 다. 또 신경제 아래 이루어지는 노동 재조직화는 일부 노동자들에게 노동자-경영자 관계를 변화시켰다. 그러나 신경제 주장은 상당 정도 매우 과장되어 있다. 앞에서 묘사한 신경제의 측면들을 세 번만 생각해 보라.

소비자들이 극단적으로 식별력을 갖게 되었기 때문에 기업들이 초 유연화되고 고도로 숙련된 노동자에 의존해야 한다는 사고는 외견상으 로도 앞뒤가 뒤바뀐 것으로 보인다. 물론 자본주의 사회의 많은 사람들, 아니 대다수의 사람들은 소비와 행복을 동일시하지만, 이는 순순히 받 아들여야 하는 게 아니라 맞서 싸워야 할 태도이다. 조금만 불편해도 바뀌버리는 식별력을 가진 소비자들의 경우, 여기저기 널려 있는 패스트푸드 상점과 편의점 —— 이들 모두는 상상할 수 있는 가장 표준화된 상품을 판매한다 —— 을 어떻게 생각해야 할까? 모든 유형의 표준화된 상품을 생산하는 수많은 납품상인들 가운데 몇 개만 예로 들자면, 무수한 갭 Gap, 바나나 리퍼블릭 Banana Republic, 올드 네이비 Old Navy 상품들을 어떻게 설명해야 할까? 그렇다. 우리는 "주문생산" 컴퓨터를 구입할 수 있지만 이는 숙련된 재단사가 만든 맞춤 양복과는 완전히 다르다. 고객맞춤형 제품이 보통 의미하는 바는 이미 표준화된 부품을 혼합, 배합한다는 것이다. 그렇다. 우리는 때로 수백 가지의 비누, 방취제, CD 플레이어, 자동차 등에서 마음대로 고를 수 있지만, 이 물건들은 보통 비교적 적은 수의 기업들에 의해 만들어지고 질적으로가 아니라 양적으로(또는 상표나 포장만) 약간 다를 뿐이다. 제1차대전 전에는 베를린에 사는 소비자들이 볼 수 있는 일간지와 주간지가 수백 가지 있었다. 오늘날 진정 어디가 이렇다고 말할 수 있을까?

라이시가 예견한 미래의 모범 기업은 분명 그 자신의 열광적인 공상의 소산이다. 기술은 일부 기업들로 하여금 규모를 축소하고 생산라인을 신속하게 바꾸며 다양한 "임시직" 노동자를 활용할 수 있게 만들었다. 그러나 고용주들은 보통 여전히 대량생산, 상대적으로 높은 수요, 테일러주의적 경영이라는 원칙을 적용하고 있으며 먼 미래에도 계속 그러할 것이다. 자동차든, 컴퓨터 칩이나 모터, 비디오, 훈제정어리, 닭고기 생산이든, 조립라인은 가까운 장래에 사라지지 않을 것이다. 노동력의 소수만이 파트타임 노동자, 임시직, 독립 계약자, 가내 노동자 등으로 구성될 것이다.5)

킴 무디 Kim Moody를 비롯한 이들이 주장한 것처럼, 오늘날 전세계 작업장에서 벌어지고 있는 것은 일본 자동차 회사들이 개척한 경영통제

체제인 "유연생산 lean production"의 꾸준한 도입이다.6) 신경제 지지자
들은 이러한 현상을 완전히 잘못 이해하고 있다. 그들이 보기에 신경영
은 테일러주의를 포기하고 보다 인간적이고 노동자 중심적인 공장과
사무실로 이를 대체하였다. 그러나 유연생산의 진실은 완전히 다르다.
기업 내부 위계를 어느 정도 수평화한다고 해서 노동자와 고용주를
가르는 전반적인 거리가 줄어들지는 않는다.

　　오히려 유연생산은 극찬받는 작업 팀이 상상 가능한 모든 작업장
문제를 해결할 책임을 떠맡음을 의미한다. 유연 작업장 lean workplace은
조립라인의 속도 증대, 노동자 수 감축, 원자재 철수 등을 통해 팀(또는
개별 노동자)에 지속적인 스트레스가 가해지는 공간이다. 그리하여 노
동자들은 생산에 뒤처지지 않고 따라갈 것이 기대된다. 노동자들이 어
떻게 따라갈지를 알고 나면(그리고 경영진이 품질관리 서클이나 팀의
리더들을 통해 노동자들이 어떻게 따라잡는지를 알아내고 이 지식을
작업 과정에 통합시킴에 따라) 생산 체제는 소규모 개선(일본말로는
"카이젠"이라 불린다)이라는 끊임없는 순환 속에서 계속해서 거듭 압력
이 가중된다. 생산이 시작되기 전에 가능한 많은 작업이 엄격한 테일러
화에 종속되며 이러한 합리화와 규격화는 노동자들이 서로서로의 직무
를 시간연구 time-study함에 따라 이후에도 계속된다. 일부 팀 성원이
작업에서 빠질 경우에도 경영진이 노동자 전체 수를 유지하지 않아도
되도록 노동자들은 이러한 기계적인 직무를 가능한 한 많이 배운다.
적시 재고 just-in-time inventories라는 기법을 통해 재고는 최저 수준으로
유지되며 그 결과 비상시 생산을 따라잡기 위해 여분의 부품 비축량에
의존할 수 없게 된 노동자들에게 한층 스트레스가 가해진다. 가능한
최대한의 간접 노동(부품 조립, 건물 관리 업무 등)이 외주로 돌려진다.

　유연생산은 인간 노동력을 최대한 뽑아내는 것, 다시 말해 노동자들에게 가능한 많은 시간 동안 최대한의 강도로 노동하도록 강제하는 것을 목표로 한다. 가령 자동차 공장의 경우 피고용인들은 종종 매 분당 57초를 일한다. 이는 노동자들에게 권한을 부여하거나 숙련을 증가시키는 것과 아무 관계가 없으며 하물며 기본적인 경영상 결정을 내리도록 하는 것은 더더욱 아니다. 미래의 고숙련, 고임금 작업장은 공상적인 희망에 불과하다. 미국 노동통계국이 1998년에서 2008년 사이에 가장 크게 성장할 것으로 예상한 10개 직업 가운데 여섯 개가 소매점 점원, 출납원, 소형 및 대형 트럭 운전사, 일반 사무실 직원, 대인 보살핌 및 가정 보건직, 교사 보조원 등임을 주목해보라. 나머지 네 직업 가운데는 간호사와 컴퓨터 전문가가 등록되어 있는데 두 직업 모두 테일러화와 그것이 보장하는 탈숙련의 영향을 받기 쉬우며 특히 간호사의 경우 지금 당장 이런 일이 벌어지고 있다. 사실 일정 형태의 유연생산의 영향을 받지 않는 일자리는 거의 없으며, 따라서 전자 혁명과 결부된 고숙련 기술직 일자리조차 궁극적으로 숙련의 침식을 보여주지 않을 것이라고 보기는 힘들다. 오늘날 전자상거래가 대유행이지만 본성상 그와 관련된 숙련 노동의 대부분은 결국 소프트웨어에 삽입되거나 세계 곳곳의 창문 없는 건물의 비좁은 칸막이 자리나 자신들의 아파트나 집에서 일하는 미숙련 사무 노동자들에 의해 수행될 것이다.

　자세히 들여다보면 세계화는 "역사의 종말"에 미치지 못하는 것임이 드러난다. 세계화 테제 전체가 불완전한 데이터에 근거한 속임수라고까지 말하지는 않겠지만 이는 자본의 힘과 노동 및 국가의 허약함을 너무 강조한다. 한 예로, 어떤 점에서 보면 자본은 제1차대전 전보다 세계적이지 않다. 기술 혁명은 적어도 컴퓨터가 무역을 가속화한 것만큼, 또 금융자본이 엄청난 속도로 세계를 이동하는 것만큼 중요했다. 아울러 자본 이동성 증대의 대부분은 멈출 수 없는 기술 변화가 아니라 의식적인 정치적 결정의 결과이다. 각국 정부는 무역협정과 국내 입법을 통해 쉴새없이 자본을 탈규제했다(동시에 자본 탈규제의 영향에 맞서 반항할 수 없도록 노동자들을 단속했다). 원칙적으로 볼 때, 탈규제화된 것은 다양한 형태의 자본통제와 입법을 통해 재규제될 수 있다. 국경 양쪽에서 이러한 탈규제가 없다면 마킬라도라 maquiladora*는 가능하지 않을 것이다.

모든 자본이 특히 이동성을 갖지는 않는다. 제조업의 경우 고정자본 투자는 종종 그 규모가 매우 크며 고용주들은 보통 이동을 고려하기에 앞서 이 자본의 가치를 완전히 소모시키는 쪽을 선택한다. 따라서 일정 기간 동안 자본은 이동성을 갖지 않으며 환경을 개선하려는 노동자들의 노력에 영향을 받지 않는다. 이러한 자본은 또한 소비자 시장에 가까이 위치하는 쪽을 택하기 마련인데, 그 대부분은 선진 자본주의 나라들이며 자본이 점차 이주해갈 곳이라고 가정되는 가난한 나라들이 아니다. 많은 서비스와 정부 생산도 마찬가지로 이동성이 적다. 사무용 빌딩, 패스트푸드 레스토랑, 도로, 다리, 학교 등은 제자리를 고수한다. 피츠버그에서 소비되는 패스트푸드 햄버거를 멕시코에서 만들 수는 없다.

자본이 이동하는 경우에도 전세계를 쉽게 움직이는 건 아니다. 오히려 킴 무디가 "삼극 triads"이라 지칭하는 곳, 즉 미국, 유럽연합, 일본이

---

* [옮긴이] 1960년대 말 멕시코의 국경개발계획에 따라 멕시코 내부에 외국인 소유 공장을 허용하고 원료를 수입, 조립하여 수출하는 산업을 육성하기 위해 국경선 인접지역에 설정한 산업지역. 주로 미국의 제조업체들이 동아시아 기업들과 경쟁하기 위해 멕시코의 값싼 노동력을 이용하여 상품을 조립, 생산하는 산업형태를 띠고 있다.

각각 지배하는 별개의 세 지리적 영역에 생산이 밀집해 있다. 다시 말해, 미국 기업들이 빈국들에 투자하는 자본은 미국 본토에서 멀리 떨어지지 않은 나라들로 압도적으로 집중되는 경향이 있다. 이것이 의미하는 바는 미국 노동자들이 빈국 노동자들과의 연대 행동에 참여하는 게 가능하다고 생각할 수 있다는 것이다. 삼극 내 각국 노동자들은 점차 동일한 고용주들과 마주하게 되며 따라서 이들에 맞서 공동의 행동을 조정하는 게 가능하게 된다.

신경제가 전례 없는 생산성 성장의 시기를 경과하면서 끝없는 번영을 부채질한다는 믿음은 현실에서는 지탱될 수 없다. 어떠한 자본주의 경제도 주기적 위기 없이 팽창한 적이 없다. 지금의 호황은 다르다는 증거가 어디 있는가? 이로써 신경제 주장의 모든 측면은 도전받을 수 있으며 지금까지 도전받아왔다. 사실 모든 경제학자들이 비정상적으로 높은 생산성 성장이 이루어지고 있다고 확신하고 있는 건 아니다. 또 모든 경제학자가 컴퓨터 혁명이 이러한 성장을 낳았거나 낳을 수 있다고 생각하고 있지도 않다. 현재의 호황이 특별한 무엇이라는 점에 모든 경제학자가 동의하고 있지도 않다. 1인당 소득 증가율이나 자본 투자 같은 표준적 척도로 볼 때, 오늘날의 호황은 과거의 많은 팽창기보다 허약하며 과잉확대된 소비자 및 기업 부채와 불건전한 국제수지 적자를 가리키는 불길한 징후가 존재한다. 이 글을 쓰는 지금, 경제는 불황에 가까워지고 있으며 하이테크 기업들은 매일 탱크처럼 움직이고 있다. 나스닥 지수는 50% 하락했고 한껏 치켜세워졌던 스톡옵션은 이제 종이 조각이 되었다. 그리고 마지막으로, 설사 생산성이 증가하고 있다 하더라도, 역사는 임금이 이에 비례하여 상승할 것을 보증하지 않는다. 1970년대 초반부터 90년대 중반까지 실질임금은 하락했지만 생산성은 계속 상승했다. 경제 성장이 모두의 소득을 상승시킨다거나 모든 사람이 성장을 공평하게 공유할 것이라고 말하는 건 희망사항일 뿐이다.

어느 때보다도 노동조합이 필요하다

신경제가 결국 그렇게 새로운 게 아니라면, 노동조합이 더 이상 필요 없다거나 신경제에 적응하기 위해 스스로를 재창조해야 한다는 주장은 설득력을 잃어버린다. 노동자들은 유연생산의 부정적 효과들로부터 스스로를 어떻게 보호해야 할까? 무역협정, 반 反노동 입법, 노동법 시행 거부, 복지국가 파괴, 공공서비스 민영화 등을 통해 생활수준을 황폐화시키는 기업-국가 동맹에 노동자들은 어떻게 맞서 싸울 수 있을까? 노동자들, 특히 임시직 노동자들은 어떻게 스스로를 지켜내고 안전한 작업장을 확보하며 자신들의 미래를 안전하게 만들 수 있을까?

가장 근본저인 측면에서, 즉 사회관계에서 볼 때 오늘날의 경제에 새로운 것은 전혀 없다. 자본가들은 격렬한 경쟁을 배경으로 쉴새없이 자본을 축적하고 있다. 이러한 자본 축적은 노동자들로부터 잉여 노동시간을 뽑아냄으로써 가능해진다. 1970년대 초반 자본 축적이 현저하게 저하되자, 자본은 공세에 착수, 이전에 조직 노동과 맺은 "협정"들을 파기했으며 보다 신속하고 수익성 있는 축적을 위해 장애물을 제거하도록 국가에 대한 압력을 강화했다. 기술 사용이 무엇보다도 최대한의 자본 축적을 도모하는 것을 목적으로 하는 것처럼, 급속한 기술 변화는 자본주의의 인증서이다. 때로 신기법은 새로운 숙련 직종을 낳지만, 잉여 노동시간을 뽑아낼 수 있도록 자본이 노동과정을 통제해야 할 필요성이라는 체제의 논리는 숙련노동에 대한 의존도를 줄일 수 있는 길을 끊임없이 추구하도록 자본에게 요구한다. 모든 신기술의 경우에 합리화되는 과거의 기술이 존재한다.

엘런 우드 Ellen Wood는 자본주의란 시장 의존에 다름 아니라고 역설한다. 우리는 생활 필수품만이 아니라 우리의 삶 자체를 시장에 의존한다.[7] 오늘날 자본 축적과 그것의 시장 의존은 세계 구석구석과 우리 삶의 가장 사적인 부분으로까지 퍼져나가고 있다. 신경제에 새로운 것이 있다면 이것이야말로 가장 새로운 것이다. 이러한 시장 의존의 보편화와 더불어 일상생활의 화폐화와 탈개인화, 노동의 소외, 질 저하된 상품의 생산, 실업, 환경의 대상화와 파괴 등이 진행된다. 역사적으로 볼 때 노동조합과 노동운동은 보통 사람들이 이러한 시장 의존의 불가피한 결과들에 맞서 싸우기 위한 중요한 수단이었으며, 이는 과거 어느 때와 마찬가지로 오늘날에도 진실이다. 제정신인 사람이라면 고삐 풀린 자본주의는 분명 악몽일 것이다.

그러나 노동조합이 인간을 보호하기 위해 절대적으로 필요한 기제라면 그것은 어떤 종류의 노동조합이어야 하는가? 노동 진영에 개선의 여지는 많지만, 사회민주주의적 전망은 재앙을 부르는 처방일 뿐이다. 1930년대와 40년대 초반에 계급의식적 노동조합주의를 포기하고 노동-경영 협력을 받아들이면서 미국 노동운동은 어려운 시기로 빠져들었으며, 최근 다소 전투적인 입장으로 되돌아섰지만 여전히 민주당과의 협력과 동맹이라는 쌍둥이 이데올로기에 간혀있다. 미국 노동운동이 신경제 스승들의 입장을 받아들인다면 이는 노동자의 계급적 적의 입장을 지지하는 것에 다름 아니다. 이럴 경우, 맞서야 할 대상, 즉 보편적인 자본 축적과 이것이 함의하는 모든 것을 용인하게 된다.

새로운 노동운동은 불가피한 것이란 없다는 점을 기본적인 입장으로 인정하고 받아들여야 한다. 자본주의와 시장 의존 자체가 불가피한 것이 아니었다. 파괴적이고 만연한 자본 이동도, 무역협정도, 유연생산, 실업, 아니 자본 축적이 낳는 다른 수많은 해악 또한 결코 불가피하지 않다. 이 모두는 인간 활동의 산물이며 맞서 싸우고 승리를 쟁취할 수 있는 것이다. 하지만 이를 위해서 노동운동은 자신이 무엇에 맞서 싸우는지를 알아야만 한다. 전미 주·군·시공무원노동조합 American Federation of State, County and Municipal Employees 의장 제럴드 맥킨티 Gerald McEntee 가 시애틀 WTO 항의 시위에서 말한 것처럼 노동조합은 "체제에 이름을 붙여야 한다." 일단 이름을 붙이고 나면 이 체제에 대한 대안을 위해 싸워야 한다. 간단히 말해, 노동운동은 반자본주의, 친노동자 이데올로기를 구축하고 이를 중심으로 조직해야 한다.

나는 적어도 다음과 같은 것을 위한 싸움을 기꺼이 포용하는 새로운 노동운동을 그려본다. (1) 권리로서의 고용. (2) 모든 일자리에서 직무를 개념화하고 수행하는 우리의 독특한 인간적 능력을 최대한 통합시키는 의미 있는 노동과, 사회 유지에 필수적이지만 부담스러운 일들을 공유하기. (3) 모든 수준의 교육, 보건의료, 노인 보호, 육아, 교통, 오락 등 완전히 사회화된 다량의 소비. (4) 노동자들이나 공동체 또는 둘 다에 의한 최대한의 민주적 생산 통제. (5) 가능한 적은 노동시간. (6) 가능한 자연을 파괴하지 않는 노동. (7) 모든 종류의 차별 철폐. (8) 그 자체로 훌륭한 것으로 간주되는 평등(허구적인 기회의 평등이 아니다).

이러한 운동을 시작하고 앞으로 나아가기 위해서는 사회민주주의자들이 역설하는 것처럼 노동조합들이 자신들의 조합원들에게 보다 민감해지는 게 필요할 것이다. 그러나 이것이 의미하는 바는 미약한 사회민주주의적(또는 자유주의적) 처방을 훨씬 뛰어넘는다. 기존 업무를 대대적으로 혁신해야 하는 것이다. 이는 노동운동의 전면적인 민주화와 이러한 민주적 자극을 작업장, 민족국가, 전세계로 확산시키는 것에 다름 아니다.

주

1. Robert Reich, *The Work of Nations: Preparing Ourselves for 21st Century Capitalism*(New York: A.A. Knopf, 1991); [국역] 로버트 라이시, 남경우 외 옮김, 『국가의 일』, 까치글방, 1994.

2. Jeff Madrick, "Is the New Economy New?," *WorkingUSA*, vol. 3, no. 4(Nov.-Dec. 1999), 43~44쪽.

3. Keith Hammond, "The Optimists Had It Right," *Business Week*, August 31, 1998, 146쪽.

4. Mike Rigby, "Approaches to the Contemporary Role of Trade Unions," in MIke Rigby, Roger Smith, and Teresa Lawlor, editors, *European Trade Unions: Change and Response*(London: Routledge, 1999).

5. Sharon R. Cohany, "Workers in Alternative Work Arrangements," *Monthly Labor Review*, vol. 119, no. 10(Oct. 1996), 31~45쪽.

6. Kim Moody, *Workers in a Lean World*(New York: Verso, 1997); [국역] 킴 무디, 사회진보를 위한 민주연대 옮김, 『신자유주의와 세계의 노동자』, 문화과학사, 1999.

7. Ellen Wood, *The Origin of Capitalism*(New York: Monthly Review Press, 1999).

3
일회용 노동자

켄 허드슨 Ken Hudson *

1990년대 후반 동안 미국은 급속한 경제 성장을 경험했다. 그러나 1999
년 현재 실업률은 1960년대 이래 최저 수준으로 떨어졌지만 임시직
및 비정규직 노동자 수는 전대미문의 수준에 달하고 있다.

　　임시직이란 용어는 지속기간이 제한된 또는 불확실한 일자리를 가
리킨다. 비정규직은 전일 임금 및 봉급 일자리 외의 모든 노동을 가리킨
다. 전반적으로 비정규직은 정규직보다 훨씬 더 임시직일 가능성이 크
다. 그 결과 두 용어는 종종 호환되어 사용된다.[1] 임시직 및 비정규직
노동은 종종 고용 중개인의 참여를 수반한다. 이는 개인이 한 기업을
위해 일하지만 실제로는 임시직 파견업체 같은 다른 회사에 의해 고용
되어 있는 형태이다. 고용 중개기관에 의해 고용된 노동자 수는 전체
노동력 가운데 상대적으로 적은 비율이지만 이러한 방식으로 고용되는
노동자의 총비율은 빠르게 증가하고 있다.

　　임시직 및 비정규직 노동력의 증가에 관한 우려가 커지면서 1990년
대 초반 의회는 노동부 노동통계국(BLS)에 이들 집단에 대한 연구를

---

* 오레곤 대학 University of Oregon에서 사회학을 강의하고 있으며 현재 빈곤과 노동시장
　의 이중성에 관해 연구하고 있다.

수행할 것을 주문했다. 2월 인구조사현황 임시직 노동 증보판이 1995년 에 착수되어 2년마다 수행되고 있다. 노동통계국이 최근에야 이들 노동 자에 관한 데이터를 수집하기 시작했기 때문에 비정규직 및 임시직 노동력의 규모와 성장에 관한 정보는 매우 빈약하다. 그럼에도 불구하 고, 인구조사현황의 다른 데이터와 전국고용현황통계조사 National Current Employment Statistics Survey의 데이터는 비정규직 노동에 고용되 는 미국 노동자의 비율이 점차 증가하고 있음을 나타낸다. 아울러, 이러 한 증가는 열악한 일자리의 대부분을 차지하는 비정규직 노동시장 부분 에 기인한 것이다.

[표 1]

전체 노동자의 비율로 본 비정규직 및 정규직 노동자	
비정규직	31.3
정규직	68.7
전체	100

전체 노동자의 비율로 본 임시직 및 영구직 노동자	
임시직	8.4
영구직	91.6
전체	100

전체 노동자의 비율로 본 임시직 및 비정규직 노동자	
임시직 또는 비정규직	35.30
정규직 및 비임시직	64.70
전체	100

출처: U.S. Census Bureau, Current Population Survey, Contingent Work Supplement(February 1997), Contingent Work Supplement[computer file].

한 예로, 1972년에서 98년 사이에 노동부가 파트타임으로 분류한 노동자의 비율은 15.7%에서 약 18%로 상승했다.[2] 인력공급 서비스 산업에 자리잡은 노동자의 비율은 0.3%에서 2.4%로 증가했다. 이와 대조적으로, 비정규직 노동 가운데 보다 나은 범주인 자영직 노동자의 전체 비율은 8.7%에서 7.8%로 떨어졌다. 파트타임 노동자와 인력공급 산업[3]에 자리잡은 노동자들이 아래 서술된 비정규직 노동력 전체를 구성하는 것은 아니지만, 이들 범주의 증가는 임시직 그리고/혹은 비정규직으로 일하는 미국 노동자의 비율이 커지고 있음을 시사한다.

[표 2]

전체 비정규직 노동자의 범주 비율	
임시직 파견업체	3.28
일용직	—
대기직, 정규 시간 없음	2.99
대기직, 정규 시간	1.84
하청회사	4.14
독립 하청업자 임금 및 봉급	2.47
독립 하청업자, 자영직	18.83
자영직, 기타	16.40
기타 인력공급회사	0.67
정규 파트타임	49.32
전체	100

출처: [표 1]과 같음.

전체적으로 볼 때, 미국인 노동자 세 명 가운데 거의 한 명 정도는 비정규직 일자리에 고용되어 있다. 임시직 노동자는 전체 노동력의 8%

이상이며 비정규직 또는 임시직 노동자들의 전체 비율은 대략 35%이다
([표 1] 참조). 비정규직 노동은 일용직에서 자영직에 이르기까지 매우
다양한 노동 형태를 포함한다. [표 2]는 이러한 각기 다른 형태를 가로지
르는 비정규직 노동자들의 분포를 보여준다. 자영직 노동자는 전체 비
정규직 노동력의 25% 이상을 차지한다. 거의 절반 이상의 비정규직
노동자가 파트타임 임금 및 봉급 일자리에 고용되어 있다.

비정규직 노동은 모든 산업에서 볼 수 있지만 소매업 및 서비스업에
가장 집중되어 있다. [표 3]은 비전문직 서비스업에서도 비정규직 노동
자가 정규직보다 훨씬 많은 수를 차지하고 있음을 보여준다. 이와 대조
적으로 제조 부문의 경우 비정규직에 비해 정규직이 3~4배 많다. 이는
1970년대 이래 비정규직 일자리의 증가가 상당 부분 제조업에서 서비스
업으로의 이동을 반영함을 시사한다.

[표 3] 산업 부문별 정규직, 비정규직 비율

	정규직	비정규직	전체
농업	1.26	4.70	2.33
광업, 임업, 어업	0.72	0.32	0.59
건설업	5.44	7.69	6.15
제조업	21.49	5.88	16.60
운송, 통신, 공공설비	8.13	4.53	7.00
도매업	4.43	2.66	3.88
소매업	12.97	24.02	16.43
비전문 서비스	15.60	22.21	17.67
전문 서비스	24.10	26.54	24.86
공공행정	5.85	1.45	4.47
총계	100	100	100

출처: [표 1]과 같음.

비정규 노동, 정규 이하의 일자리

비정규직 일자리가 항상 정규 이하의 일자리는 아니지만 대개 그러하
다. 정규 전일 임금 및 봉급 일자리와 비교해보면 비정규직은 연금,
의료보험, 고용 안정 등의 혜택은 훨씬 작고 저임금을 받을 가능성은
훨씬 높다. 정규직 노동자와 비교하면 각각 30%, 40%이다. 비정규직
노동자의 거의 40%가 임금 분포의 맨 아래(하위 다섯 번째)에 위치하는
데, 이는 정규직 노동자의 12%와 대비된다. 마지막으로, 미국 최악의
일자리, 즉 부가급부 fringe benefits[연금, 휴가, 보험급여 등] 및 고용
안정의 결여와 저임금이 결합된 일자리로 구성된 노동시장 부분을 검토
해보면, 이 일자리의 70% 가량이 비정규직으로 채워져 있음을 발견하
게 된다.

이와 같은 비정규직 일자리들에는 다양한 노동 형태가 포함된다.
이 범주의 일자리들 전부가 열악한 것은 아니다. 일용직, 임시직 파견업
체 고용, 파트타임 노동에서부터 하청회사가 제공하는 일자리, 독립
하청업, 자영직에 이르기까지 온갖 형태가 있다. 일부 자영업 노동자들
은 실제로 전통적인 노동자들보다 높은 평균 임금을 받기도 한다. 그러
나 이 그룹의 경우 전체 노동자에 비해 임금 불평등의 정도가 훨씬
크다. 소규모 고용주들이 받는 경제적 이득 또한 그들을 위해 일하는
이들의 노동에 의존하는 듯이 보인다. 아울러, 자영직에 종사하겠다고
주장하는 이들의 상당수는 아무 소득도 보고하지 않고 있다. 이 노동자
들 대다수는 실제 의도에도 불구하고, 실업 상태이다.

가장 가난한 비정규직 노동자는 일용직 노동자들이다. 이 노동자
집단은 너무나 주변적이어서 1995년 노동부 조사통계국이 실시한 임시

직 노동 조사는 이 개인들 가운데 35명에 관한 데이터만을 수집할 수 있었다. 1997년에는 이 수치가 12명으로 줄어들었다. 이들은 아침에 소형 트럭 뒤에 실려 저녁 때 임금을 받고 내리는 노동자들이다. 많은 이주 노동자, 특히 비등록 undocumented 노동자들*이 일용직으로 일한다. 때로 이들은 자신들의 사실상의 고용주와 계약한 등록 노동자를 통해 급여를 받는다. 고용주는 등록 노동자에게 일정한 액수를 지급하고 그는 취업서류가 없는 다른 노동자들에게 이를 나눠준다. 때로 인력 공급 기업들이 홈리스 수용소에서 일용직 노동자들을 거둬들인다. 이 노동자들의 상당수는 알코올 및 약물에 의존하고 있어 장기의 노동 형태보다 일급제를 더 선호하게 된다. 이러한 단기 노동 형태는 이 노동자들이 약물이나 알코올 중독 상태를 계속 유지할 수 있게 만드는 동시에, 전적으로 믿을 수는 없지만 열성적이고 자발적인 값싼 노동을 제공해준다.

　자영직 및 일용직, 파트타임 노동은 전혀 새로운 것이 아니다. 이러한 종류의 비정규 노동 형태는 보통 고용 중개인의 참여를 수반하지 않는다. 사실상 자신들이 일하는 기업에 의해 고용되는 대기직 노동자 on-call workers나 현장고용 임시직 direct-hire temps 대부분의 경우도 마찬가지이다. 이와 대조적으로, 한 기업에서 일하지만 실제로는 다른 기업의 종업원 명부에 올라 있는 임시직 및 하청회사 노동자의 수가 증가하는 현상이 보이고 있다. 이 일자리들이 반드시 비정규직 가운데 최악은 아니지만, 고용 중개인을 수반하기 때문에 여러 가지 면에서 가장 안 좋을 수 있다. 공동 고용주라고도 알려진 고용 중개인들은 고용관계

---

* [옮긴이] 우리는 흔히 '불법,' '외국인' 노동자라고 표현하는데 두 어휘 모두 편견을 드러내는 말이다. 여기서는 원어 그대로 '비등록,' '이주' 노동자라고 옮긴다.

구조를 근본적으로 바꾸어놓는다. 고용 중개인들은 인력 채용과 훈련 비용을 절감시킴으로써 기업들의 돈을 덜어준다. 그들은 또한 저임금 일자리 시장에 진입하려는 노동자들에게 신속하고 손쉬운 수단을 제공한다. 그러나 이러한 증대된 고용 진입 비용은 임금과 복지 저하라는 형태로 임시직과 하청회사 노동자들에 의해 지불된다.

하청회사 노동자

고용 중개인을 수반하는 비정규 노동의 두 가지 형태 가운데 하청회사 노동은 훨씬 덜 지독하다. 하청회사들은 흔히 일부 작업을 외주하기로 결정한 기업이나 기관들을 위해 일한다. 1980년대에 보수 정치인들은 정부가 기업처럼 운영되어야 한다고 주장하면서 공공서비스 민영화를 장려했다. 그 결과 많은 공공기관과 조직이 하청회사들에 전체 부서의 일을 외주하기 시작했다. 이러한 방식은 공공기관들에 매력적으로 다가왔는데, 보통 직접 서비스를 제공하는 것보다 이를 외주 처리하는 게 비용이 절감되기 때문이었다. 그러나 이러한 절감은 조직 관리와 공적 책임의 손실이라는 대가를 동반하는 절감이다. 기업들은 두 가지 방식으로 필요한 노동력을 외주 처리할 수 있다. 즉, 조직 외부의 기업들에 작업을 보내거나 다른 회사를 말 그대로 자기 안으로 끌어올 수 있다. 후자의 경우는 종종 이중 노동시장 —— 원청기업에 고용된 노동자들과 원청기업에 서비스를 제공하는 하청회사에 고용된 노동자들 —— 을 창출하는 효과를 갖는다. 하청회사가 제공하는 일자리들이 종종 다른 유형의 비정규 노동 일자리들보다 훨씬 낮다는 점은 주목할 만하다. 그러나 이 일자리는 원청기업이 제공하는 정규 일자리보다는 거의 항상 열악하다.

임시직 파견업체

한 기업에 지속적으로 대규모 노동자들을 공급하는 하청회사들과는 달리, 임시직 파견업체는 필요할 때마다 개별 노동자들을 기업에 제공한다. 이로써 그들은 고객 기업들로 하여금 노동력을 고정 비용에서 가변 비용으로 전환할 수 있게 해준다. 여기서는 조직적 맥락이 중요한데, 왜냐하면 임시직은 계약 및 제도적 보호 —— 이를 통해 하청회사 일자리는 정규 고용에 가까워진다 —— 를 받지 못하기 때문이다. 가령, 한 공립대학이 하청회사가 제공하는 식품 서비스에 불만을 느낄 경우, 이론상으로는 이 하청회사를 다른 기업으로 대체할 수 있다. 그러나 이러한 일이 신속하게 진행될 수는 없으며 다른 하청회사로 전환할 경우 대학으로서는 상당한 비용이 발생할지도 모른다. 다른 한편 임시직은 원청기업에게 거의 또는 전혀 비용을 유발하지 않은 채 쉽게 대체할 수 있다. 전화 한 통화만 하면 다른 누군가가 어떤 질문도 하지 않고 내일 아침에 일하러 오기 때문이다.4) 임시직은 미국 노동력의 적시 노동자들 just-in-time workers이다. 또 그들의 노동력이 필요 없어지면 그들은 올 때와 마찬가지로 신속하게 사라진다.

　임시직 파견업체 노동은 사무직 노동이 미국 노동력에서 차지하는 비중이 점차 커져가던 1960년대에 성장한 켈리 걸 서비스 Kelly Girl Services 같은 기업들에 그 뿌리를 두고 있다. 많은 점에서 임시직은 최후

의 일회용 노동자 disposable worker이다. 일용직 노동을 제외하면 이 일
자리야말로 고용의 질이라는 원통에서 가장 밑바닥에 자리하고 있다.
임금은 매우 낮으며 파견업체들에서 제공하는 복지 패키지는 기껏해야
꾸며낸 것일 뿐이다. 1997년 현재 임시직의 약 95%가 고용주 부담 의료
보험 혜택을 받지 못했다. 의료보험이 제공될 경우에도 보통 임시직
노동자들이 감당할 수 없거나 달리 어떻게 충족시킬 도리가 없는 조건
이 붙어있었다. 게다가, 어떤 형태로든 연금이나 퇴직금을 받는 경우는
4%에도 미치지 못했다.

임시직 업체들은 이들 일자리가 노동자들이 장기 고용의 기회를
잡을 수 있는 방편이라고 선전하고 있지만, 실제 현실은 이러한 주장을
뒷받침하지 않는다. 인구조사현황 임시직 노동 증보판의 데이터는 한
회사에서 임시직에서 전일 고용으로 전환할 기회를 잡는 노동자가 극히
적음을 보여준다. 오히려 임시직 노동은 이러한 일이 이루어질 가능성
을 줄이게끔 구조화되어 있다. 기업들은 보통 정규 노동자들에게 제공
되는 임금 및 복지 패키지 비용을 피하기 위해 임시직 노동자를 활용한
다. 임시직에서 정규직 일자리로의 전환은 또한 고객 기업과 임시직
업체 모두의 이해에 배치된다. 고객 기업들은 때로 임시직 업체들로부
터 공급받은 노동자들을 고용하는 것을 방지하거나 이에 대해 벌을
부과하는 계약을 맺도록 요구받는다.

그토록 많은 비정규직 일자리는 왜 열악한가

대부분은 아니라 하더라도 많은 비정규직 일자리가 형편없다는 점을

인식하고 넘어가기에 앞서 우리는 왜 그러한가라는 질문을 던져야 한
다. 나 자신의 연구를 비롯, 임시직 및 비정규직 노동에 관한 연구의
대다수는 대개 사실을 기술하는 것이었다. 이러한 노동 형태가 노동자
들의 임금 및 복지를 줄임으로써 이들을 사용하는 기업의 이윤을 증대
시킨다는 명백한 사실 외에, 비정규직 및 임시직이 존재하는 이유와
이러한 종류의 일자리가 왜 그토록 열악한가 하는 이유는 적절히 다뤄
지지 않았다. 나는 이러한 질문의 답이 또다른 관련된, 그러나 상이한
질문에 있다고 생각한다. 왜 좋은 정규 일자리와 나란히 열악한 비정규
직이 존재하는가 하는 질문이 그것이다. 이와 같은 두 유형의 일자리
사이의 대비는, 이 두 종류의 노동자들이 동일한 산업, 기업, 직업 내에
서 흔히 발견될 뿐만 아니라 실제로 똑같은 직무를 수행하고 있다는
사실로 인해 더욱 극명해진다.

　　노동과 노동시장에 관한 연구는 왜 노동자들이 열악한 일자리에
고용되는가를 설명하려는 많은 이론을 낳았다. 보수적 경제학자들은
저임금과 열악한 노동조건은 이 일자리에 있는 노동자들이 인적 자본에
대한 투자를 게을리 했음을 반영한다고 오랫동안 주장해왔다. 이러한
입장을 가장 극단적으로 옹호하는 이들은 대다수 비정규직 노동자들에
게 주어지는 빈약한 보상과 고용 안정의 결여는 그들의 그릇된 선택의
결과일 뿐이라고 주장한다. 이 노동자들은 개인적 만족을 참고 교육과
직무 숙련에 투자할 능력이나 의지가 없기 때문에 열악한 일자리를
갖고 있다는 것이다. 노동자에 대한 이러한 비판은 종종 가족, 때로는
공동체 전체에까지 확대된다. 이런 패러다임에서는 열악한 경제적 성
과는 부모들의 그릇된 선택을 반영하며, 따라서 아버지와 어머니의 죄
가 그들의 아이들에게 돌아온다고 주장된다. 이러한 추론방식은 공영

주택에서 사는 사람들이 우리처럼 그들의 아이들을 진정으로 사랑한다면 낡아빠진 공립학교 대신 훌륭한 사립학교에 자식을 보낼 것이라고 결론짓게 만든다.

이러한 주장의 또다른 변종은, 젊은 노동자들에게 노동 경험을 습득할 기회를 부여해서 보다 나은 일자리를 향한 발판을 제공한다고 주장함으로써 비정규직의 열악한 질을 정당화한다. 그러나 이러한 유형의 노동 경험이 이들 노동자가 보다 나은 일자리를 얻을 가능성을 높이는 데 공헌한다는 증거는 찾기 어렵다. 임시직에서 성공하는 것은 기껏해야 또다른 임시직을 얻을 기회가 커진다는 사실을 의미할 뿐이다. 이것은 또한 노동자들이 다른 누군가를 위해 일할 권리를 얻을 수 있으려면 끝이 없는 개인적, 경제적 곤경 시기에 스스로를 기꺼이 종속시켜야 한다는 주장이다.

노동자들이 왜 열악한 일자리에 고용되어 있는가에 관한 인적 자본 중심의 설명은 공급과 수요의 영향력을 고려하지 못한다. 만약 교육에 대한 투자만으로 경제적 가치가 창출된다면 『먼슬리 리뷰』에 기고하는 사람들 대부분이 아마 부자가 될 것이다. 그토록 많은 학자들이 현재 임시직 노동자로 고용되어 있다는 사실은 이 주장의 오류를 보여주는 증거이다.

다른 이들은 노동자들이 열악한 일자리를 갖는 것은 차별적인 노동 관행 때문이라고 주장한다. 가령, 고용주들이 여성들에게 낮은 임금을 주는 이유는 단지 그들이 여성이기 때문이라고 흔히 말한다. 만약 이 일자리가 남자들이 해야 되는 것이라면 그들은 보다 나은 임금과 부가 급부를 받게 될 것이다. 이러한 테마를 변주 變奏하는 이들은 한 일자리나 직업의 성별 및 인종 구성이 해당 일자리나 직업에 종사하는 모든 노동자들 —— 그들의 인종이나 성별에 관계없이 —— 의 임금과 복지에 영향을 미친다고 주장해왔다. 그러나 이 이론은 인적 자본 이론과 마찬가지로 공급과 수요 논증에 근거한 비판에 무력하다. 정통 경제학자들은 고용주들이 단순히 가능한 가장 싼 가격에 노동력을 구매한다고 주장한다. 그들의 추론에 따르면, 여성과 다른 소수자들이 임금을 작게 받는 이유는 그들이 적은 임금에도 불구하고 기꺼이 노동하려 하기 때문이다. 그렇지 않다면, 고용주들은 그들에게 더 많은 임금을 지불해야 할 것이다.

이중 노동시장 분절화

이들 설명 모두에 공통되는 점은 공급과 수요를 결정하는 구조적 동학을 설명하지 못하는 무능력이다. 노동시장이 어떻게 열악한 일자리——비정규직이든 다른 형태든——를 낳게끔 작동하는지에 관한 보다 유망한 설명은 노동시장 분절화와 분할된 노동시장들에 관한 이론과 연구에서 발견된다. 임시직 일자리와 임시직 노동자들, 그리고 그들이 만드는 임시직 삶의 존재를 가장 잘 이해할 수 있는 건 다름 아닌 이러한 맥락에서이다. 거의 30년 전에 『먼슬리 리뷰』에 기고한 글들에서 당시 일군의 젊은 급진 경제학자였던 하워드 왁텔 Howard Wachtel과 배리 블루스톤 Barry Bluestone, 데이비드 고든 David Gordon은 미국 노동시장에는 둘 또는 그 이상의 근본적으로 상이한 분절화가 존재한다고 주장하면서 정통 경제학의 가정에 도전했다.[5] 게다가, 이들 상이한 노동시장은 거기에 고용된 노동자들에게 철저하게 다른 경제적 성과와 보상을 주는 동시에 또한 근본적으로 상이한 일련의 법칙에 의해 작동된다. 일부 노동시장에서는 인적 자본에 대한 고려가 대개 부적절하다. 이들 시장에서 일하는 노동자들은 쉽게 대체되며 그들을 계속 고용하는 데 드는 노력은 거의 또는 전혀 필요치 않다. 이들 시장의 일자리는 몇 가지 차원에서 볼 때 전형적으로 열악하다. 임금은 낮고 부가급부도 없으며 노동조건은 전반적으로 열악하다. 도린저와 피오리 Doeringer and Piore 는 이 일자리들을 "2차 노동시장"이라 총칭했다. 이와 대조적으로, 도린 저와 피오리가 "1차 노동시장"이라 칭한 다른 시장의 일자리들은 훨씬 낫다. 이들 일자리는 대체로 (썩 좋지는 않더라도) 보다 나은 임금과 의료보험 및 연금, 일정 정도의 고용 안정을 제공한다.

노동시장 분할하기

1960년대와 70년대 초반의 이중 노동시장에서는 누가 어떤 노동시장에 서 일하는지에 관해 의문의 여지가 없었다. 백인 남성이 1차 노동시장의 일자리를 장악한 반면, 흑인, 여성, 10대들 대부분은 2차 시장으로 밀려 났다. 이 일자리들이 2차라고 불리게 된 이유는 가계 소득의 2차 원천으로 간주되는 여성과 10대들이 차지하고 있기 때문이었다. 그러나 수많은 모든 연령층의 여성과 흑인 남성들 또한 이 시장에서 일하고 있다는 사실을 급진 경제학자들이 인식하게 되면서 —— 흑백을 막론하고 —— 많은 미국 가정이 자신의 주요한 수입원으로 2차 노동시장에 의존한다는 사실에 관심이 환기되었다. 에드나 보나시치 Edna Bonacich는 흑인, 여성, 그리고 여타 경제적 소수자들이 열악한 일자리를 배정받는 이유는 그들이 1차 노동시장에서 배제되기 때문이라고 지적했다. 이 시장은 "백인 [남성] 전용"이었다. 인종차별 정책 Jim Crow과 보호주의 법률들은 흑인과 여성을 1차 시장에서 배제했다. 이는 2차 시장에서 노동자들의 과잉공급을 낳았고 이것이 다시 그들의 임금을 떨어뜨리는 결과를 가져왔다. 인종 및 성별에 따른 시장 분할은 또한 2차 일자리의 흑인과 여성들이 보다 임금이 높은 노동시장의 다른 부분들로 이주하는 것을 가로막았다. 숙련 직업 및 도제를 장악한 노동조합들은 때때로 이러한 일자리 장벽을 강화했다.

보나시치가 전면적으로 전개하지는 않았지만 이 설명의 핵심 부분은 한 회사나 기업 내에서도 어떤 일자리는 다른 것보다 낫다는 사실과 관련이 있다. 이러한 차이는 이 일자리가 주는 임금 및 보수와는 완전히 별개로 존재한다. 한 회사나 기업 내의 많은 일자리가, 브레이버맨이 간파했듯이, "탈숙련"되고 지루하며 따분하긴 하지만, 그렇지 않은 일자리는 여전히 있다. 직무에 고유한 보상이라는 측면에서 전자는 거의 아무 짓도 주지 않지만 후자는 많은 것을 줄 수 있다.[6]

노동시장의 분할은 고용주들에게 노동력 비용 감축 효과를 가지며 빽빽한 노동시장에서는 특히 그러하다. 인종, 성, 조직[노동조합] 가입 여부 등에 의해 1차 일자리로부터 배제된 노동자들은 어쩔 수 없이 2차 시장에서 고용을 찾아야 한다. 대체로 1차 시장에서의 노동이 더 선호되기 때문에, 노동자들에게 1차 시장 일자리를 받아들이도록 동기를 부여하는 게, 달갑지 않은 2차 시장의 일자리를 권유하는 것보다 비용이 덜 들 수 있다. 그 결과 1차 시장에서 노동자 공급을 줄임으로써 발생하는 비용 상승은 2차 시장에서의 노동자 공급 증가로부터 기인하는 비용 절감에 의해 상쇄된다. 2차 시장의 노동력 가격은 1차 시장으로의 노동력의 흐름을 제한함으로써 억제된다. 이러한 제한의 결과는 노동 성과와 경제적 보상 사이의 관계가 전도되는 것이다. 2차 시장의 노동력 과잉공급으로 인해 노동자들의 임금이 하락하기 때문에, 더 어렵고 하기 싫은 노동이 덜 꺼리고 보수가 높은 노동보다 급여가 낮다. 분할된 시장은 또한 노동자들이 노동조합을 결성하고 임금 인상과 노동조건 개선을 요구하는 것을 어렵게 만든다.

그러나 노동시장을 분할시킴으로써 이득을 누리는 게 고용주들만은 아니다. 2차 노동자들을 1차 일자리에서 배제하는 것은 또한 1차 노동자들의 임금과 복지를 보호한다. 아울러, 2차 노동자들이 더 많은 노동을 하면서도 1차 노동자들이 압도적으로 많은 보상(적어도 노동에 할당되는 파이의 조각)을 받는 정도만큼, 우리는 다른 노동자들의 희생을 대가로 이득을 누리는 노동자 집단을 발견하게 된다. 브라운 등은 이러한 유형의 노동자-소유자 사이의 공모가 2차 노동자들에 대한 착취로 귀결되는 수많은 사례를 기록한 바 있다.[7]

비정규직 교수

비정규직 노동 형태는 기업들 내에서 이중 노동시장의 창출을 촉진시킨다. 각기 다른 두 가지 일련의 규칙 아래 노동하는 두 종류의 노동자 집단을 만들어내기 때문이다. 이 경우 노동 성과에 대한 보상은 노동자들의 자격 여부나 그들이 실제 행하는 노동만큼, 아니 그 이상으로 노동자들의 지위와 관련될 가능성이 크다. 이는 다른 어느 곳보다도 대학에서 분명하게 드러난다. 대학 임시직 노동자들은 대개 종신 재직이 보장되거나 향후 보장받게 될 일자리들과는 완전히 다른 일련의 규칙과 기대치 아래서 일한다. 가장 꺼리는 강의를 부과받는 것 외에도 그들의 급여 또한 보통 정규 교직원이 받는 것에 비해 턱없이 낮다. 이 노동자들에게는 장기 고용 안정이 존재하지 않는다. 이들 노동자가 맞닥뜨리는 경제적 불이익에 덧붙여 임시직이라는 지위로 인해 가해지는 사회적, 정서적 부담도 존재한다. 그들은 교직원 회의나 그들이 속한 학부의 사회적 삶에서 종종 배제된다. 그들은 여러 가지 측면에서 눈에 보이지 않는 존재이다. 대학에 이러한 노동 형태가 존재한다는 사실은 흔히 메리트나 장래성에 근거해서 정당화된다. 종신 재직이 보장되거나 향후 보장받게 될 교직원들 또한 연구 및 위원회와 관련된 과제라는 부담을 떠안는다. 그러나 종신 재직을 보장받지 못한 교수들은 이러한 활동에 참여할 기회와 동기가 크게 제한된다. 이 같은 특권의 방어는 기업 세계에서 소득 불평등을 정당화하는 데 흔히 이용되는 경영진의 부담이라는 주장과 유사하다. 마지막으로, 임시직 교수들이 행한 노동은 다른 부문의 임시직 노동자들의 노동과 마찬가지로, 종종 그 가치가 절하됨을 볼 수 있다. 질의 문제가 아니라 그 일을 하는 사람들의 지위 때문이다.

대학에서 벌어지는 이러한 상황이 중요한 이유는, 박사학위를 가진 임시직 노동자들이 겪는 고통이 다른 부문의 임시직이나 파트타임 노동자들이 경험하는 그것에 필적해서가 아니라, 비정규직 교수의 존재 자체가 다른 많은 비정규직 형태가 정당화되는 근거를 의문에 부칠 수 있기 때문이다. 조직적 지위나 가입 여부에 근거하여 분할된 모든 노동 시장에서 실제로 중요한 구분은 당신이 얼마나 열심히, 또는 얼마나 잘 일하는가가 아니라 적절한 범주에 속해 있는가 하는 것이다. 사무직 노동자든 대학 교수든 해당되는 이러한 구분은 노동 조직 내에 존재하는 불평등을 정당화하는 능력주의 이데올로기가 허구임을 보여준다.

비정규 노동과 노동시장 분절화

노동계급 내에 중요한 분할이 존재한다는 인식은 전혀 새롭지 않다. 비정규직 노동이 이러한 분할을 낳는 효과적인 메커니즘이라는 사실 또한 오랫동안 인식되어 왔다. 보나시치와 고든 등 Bonacich and Gordon et al.은 노동시장 분할과 분절화 문제를 아주 다른 관점에서 다뤘지만, 임시직 및 계약직 노동은 고용주들이 이러한 분할을 만들어내는 수단의 하나라고 지적했다. 도린저와 피오리 또한 내부 노동시장에 관한 초기 연구에서 여기에 동의했다. 이 연구자들의 작업에 관한 역사적 관점이 중요한데, 왜냐하면 그들의 초기 저작이 씌어진 시기 이래, 비정규 노동이 항상 가장 압도적이었고 지금도 그러한 부문인 상업 및 서비스에 고용된 노동자의 비율이 상당히 증가했기 때문이다. 이들 부문은 또한 노동조합과 노동자 조직들이 새로운 조합원을 뽑는 데 가장 어려움을 겪어온 분야이다.

보나시치를 비롯한 급진 경제학자들은 또한 노동자들을 분할하는 데 있어 인종과 성별이 한 역할을 인식했다. 이제는 더 이상 인종이나 성별이 좋은 일자리와 열악한 일자리를 할당하는 정당한 기제로 간주되지 않기 때문에, 고용주들이 이러한 목적을 이루기 위해 점차 조직 가입 여부나 지위에 의존하게 될 것이라고 예상할 수 있다. 이런 점에서 보면 공공 정책에 있어 적어도 한 가지 함의가 매우 분명해진다. 기업 조직 내 이중 노동시장이 정당한 것으로 받아들여지는 정도만큼, 노동자들은 정규직 이하의 일자리로 계속해서 내몰릴 것이라는 점이 그것이다. 이러한 추세를 역전시키려면 이전에 논의된 권고들(예를 들어 임금, 부가급부, 실업수당, 세금 공제, 육아 등의 개선이나 적극적 차별 철폐 조치 affirmative action 강화 등)을 넘어서 나아가야 할 것이다. 이중 노동시장을 철폐하기 위해서는 정부 기관과 조직 노동이 이러한 노동시장 형태를 종식시키는 데 전면적으로 전념해야 할 것이다.

주

1. Anne E. Polivka, "Contingent and Alternative Work Arrangement, Defined," *Monthly Labor Review,* vol. 119, no. 10, 1996, 3~9쪽; Arne L. Kalleberg, Barbara F. Reskin, and Ken Hudson, "Bad Jobs in America: Standard and Nonstandard Employment Relations and Job Quality in the United States," *American Sociological Review,* vol. 65(2000), 256~278쪽; Ken Hudson, *Poverty and the Secondary Labor Market*(unpublished Ph.D. thesis, University of North Carolina at Chapel Hill, 2000); Ken Hudson, *No Shortage of Nonstandard Jobs,* Briefing Paper, Washington, D.C., Economic Policy Institute, 1999; Arne L. Kalleberg, Edith Rasell, Naomi Cassirer, Barbara F. Reskin, Ken Hudson, David Webster, Eileen Appelbaum, and Roberta Spalter-Roth, 1997, *Nonstandard Work, Substandard Jobs: Flexible Work Arrangements in the U.S.* Economic Policy Institute and the Women's Research and Educational Institute; United States Census Bureau, Current Population Survey, February 1997, Contingent Work Supplement[computer file].

2. 노동부는 1994년에 파트타임 노동을 분류하는 방식을 바꾸었다. 그 결과 94년 이후에는 파트타임으로 고용된 노동자의 비율이 과거의 방식대로 계산했을 경우보다 약간 높다.

3. 이 산업 범주의 노동자들은 다양한 직무를 수행한다. 그들은 직접 고용될 수도 있고 파견업체나 하청회사에 의해 고용될 수도 있다. 그럼에도 불구하고 이 산업에 지정된다는 것은 그들의 현재 고용이 일정 유형의 인력공급 기업에 의해 어떤 방식으로든 촉진됨을 가리킨다.

4. Jackie Krasas Rogers, *Temps*(Cornell University Press, 2000).

5. Howard M. Wachtel, "Capitalism and Poverty in America," *Monthly Review,* vol. 24, no. 2(June 1972), 51~63쪽; Barry Bluestone, "Capitalism and Poverty

in America," *Monthly Review,* vol. 24, no. 2(June 1972), 65~71쪽; David Gordon, "American Poverty: Functions, Mechanisms, and Contradictions," *Monthly Review,* vol. 24, no. 2(June 1972), 73~79쪽; Peter B. Doeringer and Michael J. Piore, *Internal Labor Markets and Manpower Analysis*(D.C. Heath and Company, 1971); Edna Bonacich, "A Theory of Ethnic Antagonism: The Split Labor Market," *American Sociological Review* 37: 1972, 547~559쪽.

6. Harry Braverman, *Labor and Monopoly Capital*(New York: Monthly Review Press, 1974); [국역] 해리 브레이버맨, 이한주 옮김,『노동과 독점자본』, 까치, 1989.

7. Cliff Brown, "The Role of Employers in Split Labor Markets," *Social Forces,* vol. 79(2001), 653~681쪽. 또한 Eric Olin Wright, *Classes*(New York: Verso, 1985) 에서 그의 착취에 대한 정의 참조.

4
디즈니의 마술시장 세계

재닛 와스코 Janet Wasco*

신경제에 관한 논의들은 보통 자유시장이라는 태풍의 눈에 자리잡고 있는 역동적인 산업으로 미디어와 통신을 지적한다. 사고와 이미지의 창출이 사물의 생산을 따라잡았다는 말이 들려온다. 상업 미디어가 제공하는 소비자 선택의 문화가 자유로운 사회와 인간의 행복을 위한 기반을 마련한다고 일컬어진다. 타임워너 Time-Warner의 최고 경영자인 제럴드 레빈 Gerald Levin은 2000년 1월 CNN을 통해 "전지구적 미디어가 빠른 속도로 21세기를 지배하는 사업이 되어가고 있으며 우리는 새로운 경제시대로 접어들고 있다"고 선언했다. 이 글을 통해 나는 세계 3대 미디어 기업 중 하나이자 21세기를 지배할 전형적인 기업으로 간주되는 디즈니사를 살펴보고자 한다. 소규모 할리우드 애니메이션 스튜디오로 출발한 디즈니는 거대 미디어 복합기업으로 확장되었다([표] 참조). 우리는 정치경제학적 관점에서 질문을 던져야 한다. 어떻게 디즈니가 어린이 문화의 상품화를 넘어 문화 일반의 상품화로 확대되었을까? 해리 브레이버맨 Harry Braverman이 『노동과 독점자본』에서 "보편적 시장의 논리"라 지칭한 것을 디즈니는 디지털 시대에 어떻게 예증하고 있는가?

디즈니 현상을 이해하려면 기업으로서의 디즈니를 연구하는 게 핵심이다. 다시 말해, 디즈니의 환타지의 브랜드를 이해하려면 누구에 의해, 그리고 무엇 때문에 그것이 만들어지고 시장에서 판매되는지를 알아야 한다. 재미를 추구하고 명랑하며 창의적인 기업이라는 이미지에도 불구하고, 디즈니는 다른 기업들과 마찬가지로 일차적으로 축적을 목표로 한다. 디즈니의 최고 경영자인 마이클 아이스너 Michael Eisner 는 확신에 찬 어조로 디즈니 주주들에게 다음과 같이 설명하였다.

> 저는 항상 창의적인 과정을 이른바 "자금 상자 financial box" —— 창의적인 사람들이 그 안에서 일할 수 있는 자금 제한 범위 —— 에 담을 수 있어야 한다고 믿어왔습니다. 그러나 이 상자는 빈틈이 없고 관리되며 책임이 무겁습니다. 자금은 이 상자의 관건입니다.

디즈니가 운영되는 방식을 이해하기 위해 이 글에서는 디즈니가 자신의 다양한 활동과 세계 전략을 어떻게 통합하고 촉진시키는지를 설명해주는 다양한 "자금 상자들"을 살펴보고자 한다.

자금 상자 1 ─ 디즈니 상승효과와 어린이 문화

주요 미디어, 엔터테인먼트 기업들은 오랫동안 영화, 방송, 출판 등을 가로질러 퍼져나가면서 사업 부문을 다변화해왔다. 그러나 점차 이들

기업은 점점 더 많은 판로를 가로질러 활동을 촉진시키고 개별 사업단
위들 사이에 횡단 판촉 동학 cross-promotional dynamic이나 "상승효과"를
창출하며 즉시 인식할 수 있는 브랜드를 생산하는 것의 이득을 깨닫고
있다. 『이코노미스트 *The Economist*』(1998년 5월 23일자)의 한 기사는 이러
한 과정을 다음과 같이 상술하고 있다.

> 브랜드는 영화, 방송, 케이블 방송, 테마파크, 음악, 인터넷, 머천다이징
> merchandising 등을 통해 개척될 수 있는 —— 뉴스 코퍼레이션 News
> Corp의 『X-파일』, 타임워너의 『배트맨』, 비아콤 Viacom의 『러그랫
> *Rugrats*』 등과 같은 —— 컨텐츠의 집합체이다.
>
> 이러한 전략은 수직적, 수평적 통합보다는 브랜드를 중심축으로 하고
> 이를 이용하는 각각의 수단을 바큇살로 하는 바퀴에 가깝다. 이러한
> 이용은 일련의 수익을 낳고 브랜드를 한층 강화한다. 그리하여 러그랫
> 치약과 러그랫 마카로니치즈에 라이센스를 주는 경우 비아콤은 돈을
> 벌어들이는 동시에 지난해 발매한 비디오용 영화와 올해 말로 예정된
> 장편 애니메이션을 판촉하기도 한다.

이는 물론 디즈니사로서는 새로운 발전이 아니다. 디즈니는 애초부
터 전세계에 다양한 형태(대부분은 영화와 머천다이징을 통해)로 판매
되는 강력한 브랜드나 캐릭터를 창출시켰다. 디즈니의 횡단 판촉 전략
은 이전에 만들어진 이야기와 캐릭터, 이미지 등을 인기의 기반으로
활용한 테마파크인 디즈니랜드를 개장한 1950년대에 극적으로 가속화
되었다. 동시에 텔레비전 프로그램인 『디즈니랜드』가 ABC에서 방영되
면서 디즈니랜드와 디즈니의 다른 상품들을 홍보할 기회가 한층 확대되

었다. 케이블 방송, 홈비디오 등의 새로운 미디어 판로가 추가되면서 지난 수십 년 동안 상승효과의 가능성은 훨씬 더 확대되었다. 실제로 디즈니사는 이러한 전략을 훌륭하게 발전시켜 "디즈니 상승효과"라는 말이 횡단 판촉 활동의 최고점을 묘사하기 위해 사용되는 전형적인 관용구가 되기에 이르렀다. 다른 미디어 기업들도 종종 상승효과를 목표로 삼긴 하지만 디즈니는 자사가 그러한 완전무결한 시장 확대 전략에 특히 적합하다고 주장한다. 한 중역간부가 설명하듯이,

> 인터랙티브 게임이든 부에나 비스타 텔레비전이든, 아니면 디즈니 채널이든 각 계열사간에 상승효과를 낳는 능력은 디즈니만의 독특한 특징입니다. 우리는 모두 함께 일하며 그것도 1년 단위로, 공세적으로 활동합니다. 현재 진행 중인 이러한 과제의 성공은 우리 회사의 모든 활동을 향상시킵니다. 실제로 우리는 모든 계열사에 우리 회사의 상승효과 관계 책임자들을 보유하고 있으며 모든 계열사가 이를 갖고 있습니다. 우리는 이를 매우 진지하게 생각합니다. 디즈니의 최고 경영자인 마이클 아이스너 또한 매우 진지하게 받아들이고 있습니다(Zoltak 1996).

디즈니 상승효과는 무엇보다도 어린이 문화를 상품화하고 이를 보편적 시장으로 변형시킴으로써 라이센스화된 캐릭터들이 상호연결된 마케팅 계획의 무한한 배열의 중심이 되도록 하는 것이다. 아이스너의 설명에 따르면, "창의적 컨텐트"는 "자금 상자," 아니 일련의 자금 상자들 안에 담겨야 한다. 영화 한 편이 개봉되는 경우를 자세히 살펴보면 회사의 모든 계열사가 어떻게 마케팅 활동에 참여하는지에 관한 통찰을 얻게 된다. 디즈니의 35번째 애니메이션 영화인 『헤라클레스 *Hercules*』는

1997년 6월 27일 미국 전역의 극장에서 개봉되었다. 그러나 광범위한 일련의 판촉 활동과 머천다이징 판매는 개봉일 훨씬 전에 시작되었다.[1]

[표] 월트 디즈니사의 총수익(2000년): 254억 달러

스튜디오 엔터테인먼트
영화: 월트 디즈니, 터치스톤, 할리우드, 미라맥스, 머천트-아이보리
녹음: 부에나 비스타, 할리우드, 매머스, 리릭 스트리트
월트 디즈니 연예 프로덕션
부에나 비스타 인터내셔널
(전세계 영화 배급망)
부에나 비스타 홈 엔터테인먼트
(비디오/DVD)

공원·오락시설
캘리포니아: 디즈니랜드
플로리다: 월트 디즈니 월드, 엡콧센터, 매직 킹덤, 디즈니-MGM 스튜디오, 포트 윌더니스(캠핑 등)
일본: 도쿄 디즈니랜드
프랑스: 파리 디즈니랜드
디즈니 휴양 클럽
ESPN 존
디즈니 퀘스트(실내 오락시설)
월트 디즈니 이매지니어링
디즈니 스포츠 기업
　애너하임 에인절스(야구)
　애너하임 마이티 덕스(아이스하키)

인터넷·직접 마케팅
GO 네트워크, 디즈니닷컴, ESPN닷컴, abc뉴스닷컴, 패밀리닷컴, abc닷컴, 디즈니 카탈로그

소비자 상품
머천다이즈 라이센싱
디즈니 스토어(728개소)
월트 디즈니 아트 클래식
디즈니 인터랙티브
월트 디즈니 아동도서
잡지: 『디스커버』, 『디즈니 어드벤처』, 『패밀리펀』, 『패밀리PC』, 『ESPN 매거진』

미디어 네트워크
텔레비전: ABC 네트워크(10개 방송국과 224개 계열사 포함)
텔레비전 케이블: ABC, 월트 디즈니, 부에나 비스타, 터치스톤
라디오: ABC 라디오 네트워크(21개 방송국과 3,400개 계열사 포함), ESPN 라디오, 라디오 디즈니
케이블: 디즈니 채널, ESPN, ESPN2, ESPN 클래식, A&E, 라이프타임, 히스토리 채널, E!, "스타일", 툰 디즈니, 소프넷
출판: 하이페리온, ESPN 북스, 토크/미라맥스 북스

출처: Hoover's Database, 2000; 2000 Walt Disney Company Annual Report; Form 10-K Annual Report to the Securities & Exchange Commission, 2000

언론 및 업계 보도의 대다수에서 디즈니의 마케팅 및 홍보 활동은 단순한 것으로, 심지어 "자연적인" 과정으로 묘사된다. 『칠드런스 비즈니스 *Children's Business*』의 한 기사는 다음과 같이 설명한다. "디즈니 사람들의 철학은 간단하다. 영화는 일차 상품이자 그로부터 흘러나오는 머천다이즈를 위한 영감의 원천으로 기능한다." 디즈니의 한 중역간부는 "우리에게는 오락이 우선한다는 게 중요합니다. 우선 아이들이 영화를 보고 캐릭터들과 사랑에 빠집니다. 그리고 나면 이 영화의 한 부분을 집으로 가져가고 싶어하기 마련입니다."

그러나 영화가 우선하는 게 아니다. 디즈니 영화의 경우 영화제작 착수 발표와 함께 홍보가 시작되는데 보통 실제 개봉일보다 몇 년이나 앞선다. 제작 이전과 제작 과정에 관한 정보는 연예지와 업계지뿐만 아니라 디즈니가 소유한 미디어를 통해 다뤄진다. 1996년 크리스마스 시즌 동안 『101 달마시안』이 극장에서 상영되는 매회마다 4분짜리 『헤라클레스』 예고편이 화면에 등장했다. 또 『헤라클레스』 예고편은 2천5백만 개가 배포된 『토이 스토리』 비디오와 천만 개가 팔린 『노틀담의 곱추』에 삽입되었다.

1997년 2월, 디즈니는 자사의 여름 영화를 홍보하기 위한 세 번째 메가몰 투어 MegaMall Tour에 착수했다. 『포카혼타스』와 『노틀담의 곱추』의 앞선 몰 투어는 4백만 명을 동원했다. 그러나 『헤라클레스』 투어는 20개 도시에서 5개월 동안 진행되고 11개의 각기 다른 어트랙션 attraction[한 영화를 테마로 다양한 볼거리를 모아놓은 관람시설]을 개장하는 등 훨씬 대규모로 이루어졌다. 이 투어는 멀티미디어 무대쇼(1시간 2회 상연), 회전목마를 비롯한 놀이기구를 갖춘 유아용 "베이비 페가수스 놀이터 Baby Pegasus Playland," 그리고 『헤라클레스』 캐릭터들

이 어떻게 만들어졌는지를 보여주는 『애니메이터 되는 법』이라는 10분
짜리 비디오 상영회 등으로 구성되었다. 맥도널드가 경품을 제공하는
경기식 『헤라클레스』 테마 게임 부스도 설치되었다. 아울러, 입장객들
은 사진을 찍거나 디즈니 인터랙티브가 발매한 신제품 『헤라클레스』
게임들을 해보고, 『헤라클레스』 웹사이트(hercules.disney.com)에 접속해
볼 기회도 있었다. 이 투어는 또한 GM의 셰브롤레 Chevrolet가 후원했는
데 각 도시별로 한 명의 입장객을 뽑아 신제품인 셰비 벤처 미니밴
Chevy Venture Minivan을 주었다. 투어는 월트 디즈니 이매지니어링과
피처 애니메이션 Feature Animation이 공동으로 주관한 것이었지만 (디
즈니 인터랙티브 등의) 다른 디즈니 계열사들도 관여했다.

애틀랜타 지역 몰에서 열린 첫 번째 투어에서 빌 캠벨 Bill Campbell
시장은 2월 6일을 조지아 주 "헤라클레스의 날"로 명명하는 주지사의
포고문을 낭독함으로써 투어를 환영했다. 그후 나흘 동안 몰 입장객이
30%나 급증해 주차장이 넘쳐흘렀다.

또 2월에 펠드 엔터테인먼트 Feld Entertainment는 18번째 디즈니 아
이스쇼 Disney on Ice로 『빙판 위의 헤라클레스 Hercules on Ice』를 개장하였
다. 영화가 개봉되기 전에 열린 최초의 아이스쇼였다. 보통 아이스쇼는
영화가 개봉하고 1년이나 15개월 後에 시작된다. 1997년 말경 이 쇼는
최고의 수익을 올린 아이스쇼 가운데 하나가 되었다. 결국 이 쇼는 5년
여 동안 28개 도시를 순회하며 310회의 공연을 가졌다. 매 쇼마다 『헤라
클레스』 인형, 모자, 깃발, 티셔츠, 플라스틱 컵 등의 기념품을 판매하는
구내매점이 따라다녔다.

아이러니하게도 영화 자체는 "에어 허크 Air Herc" 샌들과 "허큘레
이드 Herculade" 갈증해소음료, 그리고 심지어 작은 인형들로 가득 찬

"헤라클레스 스토어 Hercules Store" 등으로 특징지워지는 머천다이징과 끼워팔기를 조롱조로 묘사한다. 그러나 실제 세계에서는 『헤라클레스』 머천다이즈의 라이센스 과정이 훨씬 앞서 착수되었고 전하는 말에 따르면 거의 100여 제조업체가 만든 6천 내지 7천 개의 상품이 적어도 영화 개봉 3, 4주 전에 상점들에 등장했다고 한다.

디즈니는 분명 이 영화의 머천다이징 잠재력에 큰 기대를 걸고 있었다. "이 영화는 가족 모두에게 광범위한 호소력을 지닌 전통적인 디즈니 물입니다." 영화 라이선스 마케팅 부장인 션 미첼 Sean Mitchell의 말이다. "이 영화의 호소력은 정말 전방위적입니다. 영화의 핵심은 코미디입니다. 아주 지적이고 재치가 넘치며 재미있습니다. 소년들은 헤라클레스가 되고 싶어하고 소녀들은 멕[『헤라클레스』의 여주인공]이 되고 싶어할 겁니다. 우리는 우리 작업에서 이를 반영하려 합니다. 머천다이즈를 통해 캐릭터들에 생명을 불어넣는 것이죠."

그리스 테마는 디즈니 중역간부들을 환희로 몰아넣었다. "우리는 그리스라는 모티브 전체를 갖고 작업했습니다"라고 미첼은 설명한다. "그리스 꽃과 단지, 기둥과 사원, 칼과 악기 등 아이콘이 아주 풍부합니다. 이 고전적인 아이콘들을 갖고, 그리고 무엇보다도, 이들을 '재미 필터 fun filter'로 걸러 아주 재미있는 방식으로 제품으로 바꿔냅니다. 디자인의 관점에서 보자면 신화의 광범위함은 우리에게 거의 무제한적인 기회를 제공해줍니다."

앞서 언급했듯이 디즈니는 자사 상품을 제조할 뿐만 아니라 특정 캐릭터와 이미지들에 대해 다른 제조업자들에게 라이선스를 제공한다. 디즈니는 도매 주문에 대해 상당 규모의 선불 개런티와 16%의 로열티를 요구하지만, 다른 영화 끼워팔기의 경우 대부분 약 12%이다.

　마케팅/머천다이징 노력이 우연이나 우발적인 일이 아니라는 점을
지적하는 게 중요하다. 디즈니는 라이선스 대상업체를 주의 깊게 선택
할 뿐만 아니라 제품 디자인과 마케팅의 모든 부분을 조정하겠다고
강요한다. 한 라이선스 사용업체의 설명을 들어보자. "디즈니의 목표는
머천다이징 계획 전체가 유사해 보이도록 하는 것입니다. 그들은 상점
의 모든 상품이 똑같은 느낌과 스타일을 갖길 원합니다. 따라서 그들은
우리를 자신들의 방향으로 이끌어갑니다. 그들은 우리가 제출한 도판
에 대해 약간 모양을 바꿔야 한다고 말할 수도 있습니다. 그들은 자신들
의 자산이 통일적으로 보이길 바라며 하나의 브랜드처럼 취급합니다."
심지어 라이선스 사용업체들은 마케팅을 위한 아이디어를 공유하고
공동 판촉에 참여하는 등 함께 작업한다.

　앞서 언급했듯이, 수많은 상품들이 광범위한 라이선스 사용업체들
에 의해 생산되었다. 이들 기업 가운데 일부는 디즈니와 단발 계약을
맺었지만 다른 기업들은 장기적인 관계를 갖고 있었다. 디즈니가 마텔
Mattel과 맺은 계약에는 액션 인형 10개와 패션 인형 7개의 제작이 들어
있을 뿐만 아니라 이 장난감 회사가 디즈니의 "주요 장난감 라이선스
사용업체"로 3년간 연합에 착수한다고 되어 있었다. 마텔사의 장난감뿐
만 아니라 다른 제품들도 2월 뉴욕에서 열린 장난감 박람회 Toy Fair에서
엄청나게 추천을 받았다.

　『헤라클레스』상품의 범위를 보여주는 또다른 지표는 한 기업의
제조 라인을 살펴보기만 해도 분명히 드러난다. 핸드백, 배낭, 우비 제조
업체인 피라미드 Pyramid사는 각기 다른 스타일을 특색으로 하는 네
종류의 『헤라클레스』제품군을 내놓았다. 한 제품군은 "만화책 comic
book"이라 불렸는데 밝고 생동감 있는 색채로 영화의 영웅만화책 같은

분위기를 강조하였다. 다른 하나는 "영웅 heroic," 또다른 제품군은 "로 맨틱" 룩으로 소녀들에게 호소하는 것이 분명한 "멕의 정원 Meg's Garden"이라는 이름이었다. 마지막 제품군은 "60~70년대 복고 sixties-seventies retro"란 설명이 붙은 "데이지 멕 Daisy Meg"이었다. 각기 다른 룩들은 분명 각각의 관객 집단에게 호소하기 위해 의도적으로 노력했음을 보여준다.

장난감, 의류 등 외에 영화와 관련된 무수한 출판물도 등장했다. 지방 서점만 가보아도 한두 개가 아니라 15개 이상의 각기 다른 『헤라클 레스』 관련 출판물을 볼 수 있다. 지방의 한 K마트 상점에서 볼 수 있는 『헤라클레스』를 테마로 한 생일파티 용품들은 풍선, 리본, 색끈, 포장지, 풍선껌, 종이모자 두 종류, 선물용 봉투, 스티커 세 종류, 냅킨 세 종류, 종이 탁상보, 종이접시 두 종류, 컵, 선물가방 세 종류, 장식리 본, 그리고 여러 형태의 카드와 초청장 등이 있다. 『헤라클레스』 머천다 이즈의 대부분에서 그릭 디코더 스윕스테이크스 Greek Decoder Sweepstakes의 판촉이 내서 특필되었고 디디수 디즈니 계열사가 이름 홍보하였다.

『헤라클레스』 머천다이즈가 디즈니 스토어 Disney Store들에서 모습 을 드러내기 시작하면서 몇몇 사이트는 "영화를 지원하는 시각 디자인 과 테마"를 받아들였다. 비슷한 시기에 맥도널드, 네슬레, 초이스 호텔 인터내셔널 Choice Hotels International Inc., 퀘이커 오츠 Quaker Oats, 제너 럴모터스 등의 끼워팔기 파트너들은 『헤라클레스』 상품과 선전을 대대 적으로 다뤘다. 각각의 끼워팔기에는 서로 다른 상품과 활동이 이뤄졌 지만 6월 20일에서 7월 24일 동안 진행된 맥도널드의 판촉이 가장 눈에 띄었다.

등장하기 시작한 다른 상품들로는 영화 사운드트랙(5월 20일 콜럼비아 레코드 Columbia Records가 발매)뿐 아니라 디즈니 애니메이션 스토리북 Disney's Animated Storybook의 『헤라클레스』, 디즈니 프린트 스튜디오 Disney's Print Studio의 『헤라클레스』, 디즈니의 『헤라클레스』 액션 게임 등 인터랙티브 머천다이즈도 있었다.

한편 『헤라클레스』는 인터넷을 강타했다. 다른 영화사들과 마찬가지로 디즈니는 이 신흥 자원을 활용하여 개봉 영화 및 개봉 예정 영화를 비롯한 자사 상품을 홍보하는 새로운 수단으로 삼았다. 『헤라클레스』 사이트가 개설될 당시 이 사이트는 20개 도시의 몰 투어, 『헤라클레스』 줄거리 요약, 이 애니메이션 영화의 캐릭터와 "스타들"에 관한 정보(각 캐릭터는 자신들의 개성을 해설하는 홈페이지를 갖고 있었다), 그리고 다른 활동("『헤라클레스』에 관한 지식"을 테스트하는 휠 오브 스파르타 Wheel of Sparta 게임)과 정보 등을 주 내용으로 담았다. 사이트 "방문자들"은 영화 예고편을 다운로드 받거나 영화표 구입에 관한 정보를 얻을 수 있었다. 아울러 또다른 우스꽝스러운 상승효과는 ESPN을 패러디한 웹페이지인 "OSPN: 올림푸스 스포츠 범그리스 네트워크 Olympus Sports Panhellenic Network"에서 볼 수 있었다.[2]

개봉일이 다가오면서 영화 일부 장면이 미디어, 특히 디즈니가 소유한 채널들을 통해 집중 조명을 받았다. 그러나 이러한 과대선전은 디즈니가 맨해튼 섬을 인수한 듯이 보인 6월 13~15일 주말 동안 극적으로 가속화되었다. "뉴욕 헤라클레스 세계 특별 대개봉 주말 Hercules World Premiere Weekend in New York" 행사 동안 뉴욕 곳곳에서 다양한 행사가 진행되었으며 미디어를 통해 널리 홍보되고 엄청나게 다뤄졌다.

주말 내내 (셰브롤레가 후원한) "첼시피어스 헤라클레스 재미광장

Hercules Forum of Fun at Chelsea Piers"은 실황공연과 인터랙티브 게임, 애니메이션 시연 등을 집중적으로 다뤘다. 볼거리로는 "베이비 페가수스 놀이터," "타이탄 문신집 Titan's Tattoo Parlor" 그리고 『헤라클레스』비디오게임을 일부 시연하는 "헤라클레스 게임센터 Hercules' Arcade" 등이 있었다. 축제의 일환으로 4월 6일자 뉴욕 지역 신문들을 통해 『헤라클레스』를 테마로 꾸며진 주문생산 세비 벤처 미니밴 경품이 걸린 복표가 배달되었다. 회사측의 말에 따르면, "반응이 대단했다. 복표 전부가 상을 받았고 흥분한 재미광장 참가자들에게 우편으로 배달되었다."

토요일에는 (디즈니 소유의) 뉴암스테르담 극장 New Amsterdam Theatre 앞에서 마술사, 댄서 등의 연예인들이 나와 "전세계에서 온 영웅들 Heroes from Around the World"이라는 기념식을 열었다. 이 행사는 디즈니의 회장인 마이클 아이스너와 루돌프 줄리아니 Rudolph W. Giuliani 뉴욕시장, ABC 스포츠와 ESPN의 로빈 로버츠 Robin Roberts, 그리고 "헤라클레스적인 노력으로 유명한 세계 일류 운동선수들"로 성황을 이뤘다. 세계 특별 대개봉에 이어 "헤라클레스 전격 대행진 Hercules Electrical Parade"이 열렸는데 42번가에서 출발, 제5대로를 거쳐 66번가까지 장장 2마일에 이르는 호화판 행진이었다. 이 행진은 103명의 행진대와 50만 개의 새 전구를 추가로 장착한 30여 개의 초대형 풍선 조형물 등을 비롯하여 디즈니랜드의 "메인 스트리트 전격 대행진 Main Street Electrical Parade"을 헤라클레스 식으로 새롭게 구성한 것이었다. 디즈니 사람들은 시 당국과 협의해서 가로등을 끄게 했고 행진 코스에 있는 상점들측에는 "행진 참가자들이 행진을 선도하는 캐릭터들을 잘 볼 수 있게" 진열창을 어둡게 해달라고 요청했다. 아울러 행진로를 따라 음악을 틀기 위해 68개의 스피커탑이 설치되었다. 백만 명 이상이 행진에 참여할 것으로 예상됐지만 행진 후 첼시피어스 재미광장에서 열린 파티에는 오직 "초대손님들"만이 참석하였다.

행사는 일요일에도 계속되어 뉴욕 에섹스 하우스 호텔 Essex House Hotel에서 로빈 로버츠 진행으로 "챔피언들과 함께 하는 헤라클레스 아침식사 Hercules Breakfast with the Champions"란 기자회견이 열렸는데 여기에는 뉴욕 시로부터 영웅 선포 증서를 받는 다섯 명의 올림픽 10종 경기 금메달 선수들(밥 마시어스 Bob Mathias, 밀트 캠벨 Milt Campbell, 빌 투미 Bill Toomey, 브루스 제너 Bruce Jenner, 댄 오브라이언 Dan O'Brien)이 영광의 주인공이었다. 세계 최고의 10종 경기 권위자로 불리는 프랭크 자노우스키 Frank Zarnowski 박사도 행사에 참여했다. 피날레는 "뉴암스테르담 극장 헤라클레스 여름 호화쇼" —— 오케스트라와 디즈니 캐릭터들을 동원한 라이브 무대쇼를 비롯, 개봉 전에 뉴욕 독점으로 12일 동안 영화를 사용하는 것이었다 —— 진수식이었다.

한편 반대편에 있는 할리우드의 엘 카피탄 극장 El Capitan Theater에서는 또다른 세비 벤처를 경품으로 내건 재미광장이 개최되고 영화 상영에 앞서 라이브 무대쇼가 열렸다.

맨해튼의 특별 대개봉 파티와 행진은 케이블 채널 E!를 통해 생방송으로 다뤄졌고 다른 미디어들에서도 대대적으로 보도되었다. 6월 20일 역사적인 시카고극장 Chicago Theatre에서 영화가 7일간 독점 상영에 들어갔다. 영화가 상영되기에 앞서 "디즈니의 마법의 순간들 Disney's Magical Moments"이라는 라이브 무대쇼가 열려 가수와 댄서, 오케스트라, 캐릭터 의상을 차려입은 연기자들이 나와 디즈니 애니메이션을 축하했다.

디즈니는 또한 디즈니 스토어와 디즈니 온라인, 디즈니 카탈로그 등을 통해 6월 27일 개봉을 홍보하기 위해 (『노틀담의 곱추』와 『101 달마시안』에서 사용된) 맛보기 시사회 주말 전략을 반복했다. 온라인 사이트에서는 "방문객들"이 『헤라클레스』 맛보기 시사회 주말(6월 21일과 22일)의 특별 시사권을 구입하거나 가장 가까운 극장을 찾을 수 있었다. 시사권을 주문하는 소비자들은 특별 캐릭터 수집가용 핀과 50달러 상당의 특별 우대쿠폰을 받았다. 디즈니 스토어들에서도 시사권을 구입할 수 있었는데 디즈니 카탈로그나 특별 직통전화를 통해 가능했다. 약간의 돈만 더 내면 그래미상 수상자인 마이클 볼튼 Michael Bolton이 부른 (이미) 히트곡이 된 영화 싱글인 "끝까지 해내 Go the Distance"도 살 수 있었다. 이 싱글 카세트테이프는 디즈니 스토어에서만 구할 수 있었다.

디즈니가 황금시간대에 『헤라클레스』 캐릭터와 배역을 소개하는 특집 프로그램을 당연히 ABC를 통해 방송한 것도 전혀 놀라운 일은 아니있다. 영화 개봉에 관한 미디어 보도에는 또한 디즈니 채널의 두 차례 특집방송도 있었다. "영화 서퍼들 디즈니의 헤라클레스로 들어가다 Movie Surfers Go Inside Disney's Hercules"(일요일 오후 5시 30분, 8시 30분)는 영화 세트를 둘러보고 영화에 관한 사실들을 담은 내용이었다. 디즈니의 "헤라클레스 맨해튼을 강타하다 Hercules Strikes Mahattan"(일요일 오후 7시 30분, 10시 30분)는 "헤라클레스 전격 대행진"이 뉴욕 거리를 행진하는 모습을 대서특필했다. 디즈니의 케이블 채널의 홍보는 『가네트 *Gannett*』의 한 기자로 하여금 "디즈니의 고삐 풀린 상업주의를 내보내는 24시간 홍보"를 모니터하게 만들었다. 그는 다음과 같은 사실을 발견했다.

- 디즈니는 금요일 오전 8시에 방영하는 30분짜리 "치픈데일 구조대"
  에 3분짜리 『헤라클레스』 관련 홍보물을 끼워넣었다.
- 『헤라클레스』 장면들을 자유롭게 활용한 30초짜리 짧은 광고 세
  편이 "영웅에서 무 無로 주말 Hero to Zero Weekend"을 과대 선전했
  다.
- 30초짜리 짧은 광고 두 편과 60초짜리 한 편을 통해 30분짜리 인포
  머셜 infomercial[정보 information와 광고 commercial의 합성어]인 "영
  화 서퍼들 디즈니의 헤라클레스로 들어가다"를 시청하라고 아이들
  을 몰아댔다.

또다른 디즈니 소유의 케이블 채널인 A&E는 『전기 *Biography*』 시리
즈물에서 헤라클레스를 대서특필하면서 디즈니 영화의 장면을 소개했
다. 『빌리지 보이스 *Village Voice*』는 "그는 심지어 진짜 사람도 아니다!"라
고 평했다(1997년 7월 15일자).

한편 플로리다 주 셀레브레이션 Celebration의 하나뿐인 극장은 디즈
니의 『헤라클레스』를 상영하고 있었고 『헤라클레스』 빅토리 퍼레이드
가 월트 디즈니 월드에서 열렸다.

이제 『LA 타임스』(1998년 7월 21일자)에서 인용된 한 경제 분석가가
왜 다음과 같은 결론을 내렸는지를 이해할 수 있을 것이다. "월트 디즈
니는 지구상에서 가장 효율적으로 통합된 엔터테인먼트 기업 가운데
하나이다. 다른 엔터테인먼트 복합기업들 모두 '상승효과'에 관해 이야
기하지만 실제로 이를 행하는 기업은 디즈니가 유일하다. 그들은 자비
를 호소하는 비명이 들릴 때까지 '상승효과'를 짜내는 방법을 알고 있
다."

자금 상자 2 — 미디어 인수

『헤라클레스』의 사례는 어떻게 디즈니의 한 상품을 홍보하는 데 모든 기업 계열사가 관여하는지를 보여주지만 ABC 합병으로 창출된 상승효과 축적의 모든 추가적 수단을 충분히 드러내지는 못한다. ABC와 ESPN의 디즈니 왕국 합류는 디즈니 자산의 횡단 판촉 가능성을 극적으로 증대시켰다.

역시 풍부한 사례들이 있지만 여기서는 몇 가지만을 언급하도록 하겠다.

- 디즈니-ABC의 거대합병 직후 "로잔 Roseanne"은 디즈니 월드 방문에 관한 몇 가지 에피소드를 대서특필했고 "굿모닝 아메리카" 또한 몇 차례 테마파크에서 생방송을 진행했다.
- 1997년 시즌 동안 방영된 ABC의 "먼데이 나이트 풋볼" 도입부는 제트기가 엡콧 돔 EPCOT dome[플로리다 주에 위치한 디즈니의 미래 도시]과 디즈니 월드의 신데렐라의 성을 비롯, 미국의 유명한 건축물들을 가로질러 날아가는 오프닝 시퀀스로 시작되었다.
- 1997년 ABC의 투르드프랑스 Tour de France[프랑스 일주 자전거 경주대회] 보도에 파리 디즈니랜드에 관한 특집 프로가 삽입되었다.
- 1998년 11월 디즈니랜드에서 열린 행사들 가운데 ABC의 "슈퍼 주말 홈드라마 Super Soaps Weekend"가 한 자리를 차지했다.

디즈니-ABC 합병은 또한 특히 ESPN과 ABC 사이에 인재의 교류를 원활하게 만들었다. 한 예로, ESPN의 인기 스포츠 캐스터인 크리스 버만 Chris Berman은 이제 ABC의 스포츠 프로그램들에 정기적으로 등장한다. 인재 교류의 또다른 사례는 터치스톤 Touchstone 제작의 『워터보이 *Waterboy*』같은 영화들이 포함되는데, 이 영화에는 ABC와 ESPN 스포츠 캐스터들이 등장하는 장면이 들어있었다. 의미심장하게도, 디즈니는 또한 경쟁 스튜디오들의 영화에 대해 ABC의 광고시간 판매를 거부한다고 비난받았었다. 이는 디즈니 상품을 보호하기 위해 이용되는 적극적 전술을 보여주는 또다른 지표이다.

계열사를 가로지르는 상품 판촉과 인재 교류, 제한적인 광고 정책 등은 —— 사람들을 외면하게 하는 —— 예상 가능한 사업 전략이기는 하지만, 뉴스와 공적인 문제에 관한 보도는 또다른 문제이(며 그러해야 한)다. 뉴스 보도에 대한 기업 검열이나 영향력이라는 문제는 벤 박디키안 Ben Bagdikian, 노암 촘스키 Noam Chomsky, 에드워드 허만 Edward Herman 같은 수많은 커뮤니케이션 학자들이 수년간 다뤄왔다. 디즈니가 ABC, 그리고 그 결과 ABC 뉴스를 장악하자 이 마우스 하우스 Mouse House[디즈니의 별칭]가 뉴스 사업에 관여하는 것에 대한 관심이 대단했다. 디즈니는 뉴스 제작에 대한 불간섭 정책을 제도화할 것이라고 주장했지만 기업의 간섭을 보여주는 수많은 사례가 계속되고 있다.

가장 두드러진 사례는 ABC의 뉴스 매거진 프로그램인 『20/20』이다. ABC 뉴스는 디즈니 월드가 성범죄자가 될 수 있는 피고용인들에 대한 일종의 보안 검사를 하지 않았다는 주장을 비롯한 테마파크의 보안에 관한 보도를 취소시켰다고 비난받았다. 방송사 중역간부들은 분명 피터 슈와이저와 로셸 슈와이저 Peter and Rochelle Schweizer의 비판서인 『디즈니: 배신당한 생쥐 *Disney: The Mouse Betrayed*』의 연구를 활용하는 데 동의했지만 이 이야기의 방송대본 초안을 기각시켰다. 물론 기업

대변인은 ABC 뉴스 사장이 "방송사나 디즈니 중역간부들의 지시 없이 직접" 결정을 내렸다고 주장했다. 이러한 말은 사실일 수도 있다. 그러나 레오 보가트 Leo Bogart가 뉴스 보도에 미묘하고 간접적인 방식으로 영향을 미치는 과정에 대해 지적한 것처럼, "기사를 죽이거나 왜곡하라고 직접적인 명령을 내릴 만큼 노골적인 미디어 권력자는 거의 없다. 그들은 자신들의 견해가 어떠한지, 그리고 자신들의 이해가 어디에 있는지를 알리기 위해 이런 일을 할 필요가 없다. 거의 눈에 보이지 않는 조건반사적 암시만으로도 바람직한 행동을 독려하고 달갑지 않은 것을 금지할 수 있기 때문이다."[3] 직접적인 검열에 관한 주장이 종종 부인되고 몇몇 상황에서만 입증될 수 있긴 하지만, 누가 결정을 내리든 간에 소유 연관으로부터 편집 정책을 분리하는 것은 여전히 쉽지 않다.

자금 상자 3 ― 전지구적 디즈니

디즈니사와 다른 미국계 다국적기업들은 기업 활동을 위해서만이 아니라 미국 정부의 원조를 받아 해외 시장에서 "민첩하게 움직이고 있다." 가령 디즈니는 해외 시장에서 자사 상품의 저작권 보호를 주장하는 데 있어 다른 미국계 미디어 기업들과 협력하며, 필요한 모든 수단을 활용하면서 이러한 권리를 강화하기 위해 미국 정부에 의존하고 있다.

  디즈니는 세계 전략의 일환으로 미국이 저작권 확대법안을 지지하는 것을 목표로 삼았다. 미국의 엔터테인먼트 기업들은 정치인과 정부 관료들이 해외 시장에서 그들의 이익에 호의를 보이도록 하기 위해 선거운동에 계속 자금을 기부하고 있다. 한 예로, 워싱턴에 본부를 둔

대중정치연구소 Center for Responsive Politics는 미국연방선거위원회 U.S. Federal Election Commission에 제출된 보고서들에 기반한 한 연구에 1995년 엔터테인먼트 및 커뮤니케이션 기업들이 민주당에 준 엄청난 기부금을 포함시켰다. 그 가운데는 월트 디즈니사의 12만5천 달러, 미라맥스 영화사 Miramax Film Films Corp.의 37만3천 달러 등이 있었다. 이러한 기부금을 고려할 때, 클린턴 대통령의 무역 협상가들이 국제 시장에서 미국 영화 및 텔레비전 프로그램의 판매를 제한하는 정책에 이의를 제기한 것은 전혀 놀라운 일이 아니다.

디즈니사는 다국적기업 가운데서도 두드러진 위치를 점하고 있어 다른 기업들이 꿈도 꾸지 못하는 방식으로 —— 특히 테마파크와 리조트 등의 건설에서 —— 해외 정부들로부터 독자적으로 재정 지원을 이끌어낼 정도이다. 비교적 최근의 쿠데타는 파리 디즈니랜드 건설에서 프랑스 정부로부터 지원을 받은 것이다. 이 공원으로 창출될 것으로 추정되는 3만 개의 일자리와 디즈니사를 끌어들이기 위해 프랑스 정부는 최저 시장가격으로 토지를 제공했을 뿐만 아니라 저리의 대출을 마련하고 (18.5%에서 7%로) 허가세를 낮춰주었으며 고속도로 및 철도 신설 등 인프라 개선에 270억 프랑을 투자했다. 20억 달러의 공원을 건설하기 위한 자금은 프랑스 정부와 일군의 은행 및 투자자들로부터 나왔으며 디즈니는 49% 지분에 대해 2억 달러만을 지출했다고 한다.

한편 1999년 말 디즈니는 홍콩에 새로운 테마파크를 건설할 예정이며 홍콩 정부가 프로젝트의 최대 지분을 위해 10억 달러 상당을 투자할 것이라고 발표했다.

디즈니사가 세계 각국 정부, 아니 미국 정부조차 항상 마음대로 하는 것은 아니지만, 많은 상황에서 이렇게 할 수 있는 능력으로 인해 디즈니는 해외 시장에서 중대한 우위를 누린다. 그리하여 디즈니 브랜드는 계속 국경을 넘나들며 디즈니 상품들은 "보편적"인 것으로 해석되는 것이다.

디즈니는 통상 지구라는 무대를 민첩하게 이동할 수 있을 뿐만 아니라 또한 "국제적 기회를 개척"함으로써 성공을 거둔다. 다른 다국적기업들과 마찬가지로 디즈니는 값싼 노동력과 낮은 생산 비용을 보유한 미국 외부 지역에서 자사 제품을 생산할 수 있는 기회를 활용한다.

디즈니의 영화, 텔레비전 제작은 노동력이 싸거나 조세 편의가 유리한, 즉 흔히 미국 바깥의 나라들을 의미하는 지역으로 배치된다. 애니메이션 제작은 보통 미국 외부가 더 비용이 적게 들며 그 결과 디즈니 작품 중 일부는 아시아, 오스트레일리아, 캐나다 등에서 이루어진다.

디즈니의 광범위한 머천다이징 활동 또한 지난 수십 년에 걸쳐 가속화된 노동의 세계화의 혜택을 누린다. 다른 많은 미국 기업들처럼 디즈니는 종종 자사 상품을 디자인한 후 이 상품의 실제 제조에 대해서는 대부분 제3세계 국가들에 있는 독립 하청업체들에게 라이선스를 부여한다. 디즈니는 낮은 비용에 생산되고 높은 이윤폭으로 판매될 수 있는 상품에 대한 디자인을 장악하는 것에서 분명 이득을 누린다. 하나의 자본주의 기업으로서 디즈니는 전지구적 노동분업 —— 이는 이 과정에서 탈숙련과 노동의 가치절하를 영속화한다 —— 으로부터 이득을 누린다. 디즈니는 상대적으로 높은 가격으로 계약자들에게 자신의 지적 재산권에 대한 라이선스를 부여하며 그리하여 하청업체들은 가능한 최저 수준으로 제품을 제조하려 한다. 손노동에 의존하는 제품(의류, 장난감 등)의 경우, 이는 보통 노동 비용이 낮은 곳 —— 즉, 미국의 노동착취공장 sweetshop이나 개발도상국에 위치한 공장들 —— 에서 제품이 제조됨을 의미한다.

　한 자료에 따르면 디즈니의 라이선스 제품들은 전세계 3천여 개로 추산되는 공장들에서 제조되며 이들 대부분은 노동자들이 빈곤 수준의 임금을 받으며 종종 비인간적인 조건에서 일하는 제3세계 나라들에 있다. 한 예로, 1998년 12월 현재 아이티의 노동자 최저임금은 시간당 30센트, 즉 일일 2달러 40센트, 연간 624달러이다. 성과급제로 임금을 받을 경우 시간당 42센트 가량 받을 수 있지만, 이 또한 한 가족이 하루치 식량을 사기에 충분하지 않다. 인권단체들은 시간당 60센트의 생활임금을 요구하며 이러한 상황에 대한 관심을 호소하기 위한 노력을 기울이고 있다.

　라이선스 상품들은 또한 중국, 마카오, 베트남 등, 노동자들이 독성 화학물질에 노출된 공장에서 종종 임금을 체불당하면서 일하는 나라들에서 생산된다. 다른 제품들은 홍콩, 대만, 도미니카공화국, 멕시코, 세인트루시아, 말레이시아, 브라질, 태국, 콜롬비아, 엘살바도르, 필리핀, 인도네시아, 스리랑카, 온두라스, 인도, 방글라데시 등에서 생산된다.

　「일하면서 휘파람을 Whistle While You Work」이란 제목의 1999년의 한 연구에서 제임스 트레이시 James Tracy는 이들 나라에서 제조된 상품들이 마치 선진 산업국에서 제조된 것처럼 설정된 가격에 판매되어 노동자들이 자신들이 만든 상품을 구매하는 게 어렵게 된다고 주장하였다. 앞서 나열한 나라들의 1997년 일인당 평균 GNP는 3,296달러였다. 한편 미국은 25,860달러, 일본은 34,360달러였다. 트레이시는 다음과 같이 말하고 있다.

　개발도상국 노동자들이 이들 품목을 생산하지만 그들은 자신들의 제품

을 소비하는 데서 배제된다. 아울러 저임금으로 창출된 잉여가치가 이
제품들에 구현된다. 디즈니는 선진 산업국에서 제조된 것처럼 제품에
가격을 매김으로써 이 잉여가치로부터 이윤을 뽑아낸다.

미국의 한 도시에서 볼 수 있는 디즈니 머천다이즈를 살펴보면서
트레이시는 각기 다른 유형의 디즈니 제품들과 그것들이 생산된 장소를
비교한다. 그는 (손노동을 필요로 하는) 장난감, 보석, 도자기의 대다수
(80%)가 종속국에서 제조된 반면 (자동화된 생산의 혜택을 받는) 미디어
상품들은 압도적으로(92%) 선진 산업국에서 생산되고 있음을 발견했다.

결론

디즈니는 미국 문화의 아이콘이다. 디즈니는 일차적으로는 어린이 문
화의 상품화를 통해, 그리고 동시에 미디어와 문화 전반의 상품화를
통해 수억 명의 일상생활 속에 슬며시 자리잡았다. 여전히 초기의 디즈
니 애니메이션 스튜디오로 거슬러 올라가는 자상한 대중적 이미지를
갖고 있긴 하지만 이 회사가 무엇을 추구하는지는 의문의 여지가 없다.
1981년 직원들에게 보내는 한 메모에서 마이클 아이스너는 퉁명스럽게
지적했다. "우리에게 예술을 만들 의무는 없습니다. 현실에 대해 발언을
할 의무도 없습니다. 돈을 버는 것만이 우리의 유일한 목적입니다."[4]
또는 디즈니 투자자의 웹페이지에서 다음과 같은 문구를 볼 수도 있다.
"디즈니의 최우선적인 목적은 창의적, 전략적, 재정적 견지에서 세계
최고의 엔터테인먼트 기업의 지위를 유지함으로써 주주들의 가치를

창출하는 것이다."5) 월트 디즈니의 본질은 순수와 꿈의 조작을 통해
모든 가정에 침투하는 엔터테인먼트 상품을 창출하는 것, 즉 이윤을
위해 환타지를 조작하는 것이다.

축적의 차원에서 볼 때, 자신을 새로운 경제 시대에 보편적이고
점차 하이테크화되는 컨텐츠를 갖춘 전지구적 기업으로 간주하는 디즈
니의 팽창 목표에는 한계가 없다. 디즈니가 만들어낸 마술시장 세계는
전지구적 거대기업이 자신의 시각적 아이콘들을 위해 역사와 신화, 민
간설화를 계속 노략질하고, 어린이들 —— 시각 이미지와 최종 산물인
라이선스 상품에 기꺼이 돈을 내도록 가르침을 받은 —— 을 주대상으
로 하는 새롭고 재미를 위해 여과된 라이선스 상품들로 이것들을 변형
시키면서 새로운 디지털 기술을 착취하는 세계이다. 이와 동시에, 디즈
니는 무제한적인 상업적 추진력을 무기로 미국 거대 텔레비전망 가운데
하나인 ABC를 흡수하여 환타지의 조작만이 아니라 현실 세계의 창으로
간주되는 텔레비전 뉴스까지도 상당 수준 장악하였다. 따라서 디즈니
가 표상하는 것은 광범위한 문화 상품으로 무제한 팽창하는 것처럼
보이는 거대한 자금 상자이다. 우리 모두는 디즈니 유토피아에서 상품
화된 문화의 바다 속에서 이 자금 상자에 갇힌 채 살아가게 될 것이다.
막스 베버의 쇠우리 iron cage를 떠올리게 하는 운명이다.

주

1. 『헤라클레스』의 홍보에 관한 논의는 『버라이어티 *Variety*』, 『할리우드 리포터 *The Hollywood Reporter*』, 『비즈니스 와이어 *Business Wire*』, 『PR 뉴스 와이어 *PR Newswire*』, 『어뮤즈먼트 비즈니스 *Amusement Business*』, 『LA 타임 스 *Los Angeles Times*』 등 광범위한 신문 및 업계지에서 끌어온 것이다. 또한 Danny Biederman, "Disney's Hercules Primises Big Summer Muscle," *Children's Business,* February 1997에서도 자료를 인용했다.

2. http://www.disney.com/Hercules.

3. Leo Bogart, "What Does it All Mean?," Nancy J. Woodhull and Robert W. Snyder, *Media Mergers*(New Brunswick, NJ: Transaction Publishers) 1998.

4. Kim Masters, *The Keys to the Kimgdom*에서 인용.

5. http://disney.go.com/investors/index.html.

5
"신경제"와 투기 거품

질문(이하 Q): 널리 쓰이는 "세계화"라는 용어에 대해 어떻게 생각하십
니까?

더그 헨우드(이하 DH): 그건 매우 부정확하고 많은 것을 지칭하는 용어
입니다. 좌파 진영에서는 "자본주의"나 "제국주의" 또는 두 용어의 일
정한 결합 대신 "세계화"라는 말을 사용하고 있습니다. 어떤 면에서는
이건 지배계급에서 나온 어휘를 무비판적으로 받아들이는 거예요. 세
계은행이나 주류 전문가들을 보세요. 그들 모두는 "세계화의 불가피성"
에 관해 말하고 있습니다. 대다수 좌파는 —— 그 정확한 의미가 무엇이
든 간에 —— 그 용어를 그대로 받아들여 그 앞에 부정적인 표시를

---

* 더그 헨우드는 『월스트리트 누구를 위해 어떻게 움직이나 *Wall Street: How It Works
and for Whom*』, Verso, 1997; [국역] 이주명 옮김, 사계절, 1999)의 저자이자 『레프트 비
즈니스 옵저버 *Left Business Observer*』의 편집인 겸 주요 필자이며 『먼슬리 리뷰』에도
자주 기고하고 있다. 헨우드는 올해 초 우리의 절친한 친구이자 『미국의 감금
Lockdown America』(Verso, 1999)의 저자인 크리스천 패런티 Christian Parenti와 『샌프란시
스코 베이 가디언 *San Francisco Bay Guardian*』의 지면을 통해 인터뷰를 한 바 있다. 지난
2월 말 우리는 헨우드에게 몇 가지 추가적인 질문을 했다. 이 글은 두 인터뷰를 합한
것이다.

답니다. 이들은 이 용어 자체가 무엇을 의미하는지 또는 반대운동의 비판적 접근이 어떠해야 하는지 등을 세밀하게 추려내지 않아요. 또한 제 생각에 "세계화"는 과거의 때묻지 않은 "지방화된" 시대 —— 모든 일이 더 좋았던 —— 를 가정하고 있습니다. 그리고 국제화의 자본주의적, 제국주의적, 착취적 양상보다도 국제화 과정 자체를 적으로 간주합니다.

국제주의는 진보주의자들이 받아안아야 할 가치가 있습니다. 전 우리가 세계주의 cosmopolitanism와 전세계 모든 사람들의 교류를 좋아한다고 생각했어요.

Q: 그렇다면 왜 "세계화"란 용어를 사용하는 거죠?

DH: "자본주의"나 "제국주의" 같은 단어를 사용하기를 머뭇거리는 거죠. 왜 이런 말들은 유행에 뒤떨어진 거라고들 하잖아요. 하지만 저로서는 어감도 부드럽고 의미도 잘못된 대체 용어를 받아들이고 싶진 않군요. 사람이란 사물들을 이름으로 지칭하고 그 이름을 통해 사물을 사고하기 시작합니다. 운좋게도 제가 보기에는 불순분자들 troublemakers 쪽이 이런 의지가 더 많군요.

일단 자본주의를 이해하기 시작하면 자본주의란 언제나 국제적인, 국제화하는 체제였음을 알게 됩니다. 그 속도가 빨라져왔다고 말할 순 있겠지만 오늘날의 정치경제에 특별히 새로운 국제적인 성격이 있다고 생각하진 않습니다.

가령 어떤 기준에서 보면 19세기 후반의 자본 이동과 국제 무역

수준이 오늘날보다 더 높습니다. 백 년 전 우리는 노골적인 제국주의의 시대를 살았으며 이는 분명 일종의 세계화였습니다. 자본주의는 항상 전지구적 체제, 세계체제였어요. 모든 것이 정말 천편일률적이고 "지방적"이었던 유토피아를 가정하는 건 역사적으로나 정치적으로나 그릇된 거예요.

Q: 혹자는 당신의 논지는 인정하지만 국제 거래 및 통신의 순량 純量이 질적 전환을 가져왔다고 주장하고 있는데요.

DH: 분명 모든 게 가속화되었습니다. 그러나 정보와 자본이 몇 주의 속도 —— 가령, 대서양 횡단 항해 같은 거지요 —— 로만 이동할 수 있었던 세계로부터 전신의 시대로의 전환이 오늘날 우리가 목도하는 어떤 것보다도 훨씬 큰 전환이었지요. 초 단위에서 10억 분의 1초 단위로의 변화는 더 빨라지는 것이지만, 과연 정말 과거의 변화들보다 더 근본적이거나 중요한 걸까요?

전신 덕분에 우리는 전지구적인 방식으로 사고하는 데 익숙해져 있습니다. 우리는 당시에는 무 無로부터 창조된 전지구적인 사고방식 전체를 물려받았지요. 전화나 사진, 제트기 여행 등도 마찬가집니다. 이 모든 게 그 유명한 "지구촌"의 탄생과 관련된 것입니다. 우리가 지금 과거로부터 분리된 어떤 새로운 종류의 4차원 공간으로 진입하는 게 아니란 말입니다.

또 자본과 상품의 국제적 이동이 오늘날 다른 기술적 형태를 띨지도 모르지만, 세계 경제의 근간을 이루는 사회적 관계는 여전히 변한 게 없습니다. 여전히 노동자를 고용하고 통제하며 이윤을 뽑아내는 기업주들이 존재합니다. 여전히 식민화된 주변부에 정책을 명령하고 복종을 요구하는 제국주의 중심부가 존재합니다. 또 여전히 지배와 복종의 채권자-채무자 관계가 존재합니다.

Q: 자본주의에서 부 富는 어디에서 나옵니까?

DH: 전 아주 구식입니다. 제 생각에 부는 —— 그게 어떤 종류로 형태가 변화되든 간에 —— 기본적으로 생산과정상의 노동 착취 및 자연 착취에서 발생합니다. 따라서 노동자들이 부를 생산하고 그 후 자본 소유자들에 의해 몰수 —— 탈취 —— 됩니다. 19세기의 방식처럼 자본가들에 의해 직접 몰수되지는 않을지도 모르지만 —— 대개 우리는 이제 한 명의 공장 소유자를 지적해서 "나는 그를 위해 일하고 내 노동이 그를 부자로 만든다"고 말할 수 없습니다 —— 여전히 동일한 사회적 관계입니다.

지금은 제도적으로 훨씬 더 복잡합니다. 부는 이 모든 금융시장들을, 상품에서 화폐와 주식으로, 그리고 다시 화폐와 상품으로 바뀌는 이 모든 변형을 통과합니다. 가령 갭 Gap 회사의 의류를 만드는 노동착취공장에서 부를 생산하는 사람들은 주식이나 채권, 신용기금 등을 통해 부를 통제, 축적하는 사람들과 지리적으로 떨어져 있습니다. 그러나 여전히 기본적으로는 노동자들이 부를 생산합니다. 자본가와 금융가들은 그 부를 몰수하는 거지요.

Q:『신경제? *New Economy?*』라는 책을 마무리하고 계시죠? 그 책에 관해 말씀해 주시겠습니까?

DH: 지난 3, 4년간의 신경제 담론 전체 —— 닷컴 주식이 붕괴하고 경제가 불황의 조짐을 보이면서 이제는 수그러들고 있지요 —— 는 컴퓨터 및 통신 기술이 세계를 완전히 뒤집어놓아 과거의 모든 규칙이 적용되지 않는다고 주장하고 있습니다. 추측컨대, 정부가 이제 힘을 잃고 금융이 "민주화"되었으며 놀라운 "자발성"이 중앙 무대로 옮겨가고 경기 순환이 종식되었기 때문에 "모두를 위한 번영"의 시기에 접어들었다는 겁니다. 또한 과거에 유례가 없는 엄청난 생산성 성장의 시기로 접어들었다고 얘기들을 합니다.

　사실 과거에 이와 유사한 경우가 많았습니다. 오늘날 유행하는 수사 修辭는 오랜 강세시장 bull markets[주식시장 등의 상향 시세 시장]을 겪고 난 후 나타났던 과거의 수사와 아주 유사합니다. "신시대"에 관한 이러한 자아도취로 귀결되는 열광적인 주식시장에는 뭔가가 있습니다.

　지난 세기 동안 적어도 세 차례 이러한 시기가 있었습니다. 1900년과 1901년 즈음 세기 전환기의 열병과 결합된 광기에 가까운 거품이 있었습니다. 열광적인 기술 광신주의와 뒤섞인 일종의 역법 曆法 미신이었지요. 이와 마찬가지로, 폭발 직전인 1920년대 후반과 60년대 후반에도 "신시대"에 관한 과잉 열풍이 불었습니다. 적어도 지금의 광증은 시장이 가라앉고 닷컴의 로드킬 roadkills[원래 고속도로를 건너다 차에 치어 죽은 짐승들을 뜻하는 말로 여기서는 정보고속도로에서 비명횡사하는 기업 및 개인들을 지칭한다]이 늘어나면서 수그러들기 시작하고 있습니다.

이 모든 시기의 대중적 저술은 항상 놀라울 만치 비슷합니다. "기술이 야기한 삶의 변화로 다른 모든 것이 낡은 게 되어버린다"는 게 그것이죠. 언제나 신기술 덕분에 등장한 전세계 민족들 사이의 화합의 신시대라는 주장이 횡행합니다. 평화, 사랑, 화합, 교역 등의 말 말입니다.

60년대에 연준 의장 윌리엄 맥체스니 마틴 William McChesney Martin은 신시대라는 수사를 무언가 우려할 만한 것으로, 사람들이 너무 들떠 있다는 위험한 신호로 보았습니다. 1929년과 너무나도 흡사했지요. 이게 투기에 반대하는 고풍스러운 중앙은행장류의 기질입니다. 오늘날에는 앨런 그린스펀이 신경제 테제의 주된 주창자입니다. 그는 기회 있을 때마다 신경제를 선전해요. 결국 과거보다 지배계급의 훨씬 높은 층위에 열광이 스며들고 있습니다.

Q: 금융과 투기에 대한 이러한 문화의 환각에 가까운 집착을 감안한다면, 아주 기본적인 질문을 던지는 게 가치가 있을까요? 최근의 주식시장 붐이 어디로부터 연료를 공급받았는가 하는 질문 말입니다.

DH: 이 강세시장이 몇 가지 단계를 거쳤다고 말하고 싶습니다. 1982년 8월에 시작된 이 활황은 그 후 거의 중단된 적이 없지요. 1987년에 대폭락이 있었지만 그리 오래 가진 않았고 공식 기준으로 보면 그에 뒤이은 불황 또한 심각하지 않았습니다. 따라서 강세시장은 위대한 볼커의 압박이 끝남과 동시에 시작되었습니다. 폴 볼커 Paul Volcker는 1979년에 연준을 인계받았고 거의 그 직후에 금리를 7%에서 18%를 넘어서 20%로 몰고 갔습니다. 그 결과 아주 심각한 불황을 낳았지요. 그 공식적

이유는 인플레이션과 임금 상승을 종식시킨다는 것이었습니다.

불황은 다른 문제들도 치료했습니다. 상품생산 국가들은 카르텔을 형성해서 물가를 인상시키고 있었어요. 세계 남반부에서 전반적인 반란이 계속되고 있었지요. 미국은 베트남 전쟁에서 패했습니다. 제국의 힘을 잃어버렸다는 얘기가 많았습니다. 국내적으로는 살쾡이 파업 wildcat strikes[노동조합 일부가 조합 지도부의 승인 없이 하는 파업]의 물결이 휘몰아쳤고요. 노동계급이 노동에게, 사장에게 "엿 먹어라"라고 외치는 듯이 보인, 말하자면 "블루칼라 블루스"의 시기였어요. 이런 정서는 전세계적으로 퍼져나갔습니다. 이탈리아에서 여러 번의 파업이 벌어졌지요. 유럽에서는 수많은 노동자 시위와 전투적 행동이 벌어졌습니다.

60년대 후반인가 70년대 초반인가 경제협력개발기구(OECD)가 발간한 한 유명한 보고서는 경제 인플레이션이 그토록 많은 사람이 거리로 몰려나온 사실과 뗄 수 없는 관계가 있다고 지적한 바 있습니다.

Q: 다시 말해 통화만이 아니라 기대감의 인플레이션이 있었다는 건가요?

DH: 바로 그 말이에요! 그게 바로 영국에서 대처가 집권하고 똑같은 일을 한 것과 동시에 볼커가 한 일이예요. 볼커는 미국의 금리를 세 배로 올리고 아주 깊은 불황을 만들어 냈습니다. 그리고 나서 레이건이 집권해서 노동조합을 파괴하고 제국의 군사기구를 재건하겠다고 약속했지요. 레이건은 복지국가에 대한 대대적인 공격에 착수했어요. 규율이 다시 강조되었습니다. 노동조합들이 깨지고 미국 국내뿐 아니라 세계적 차원에서도 노동에 대한 자본가의 힘이 다시 강조됐지요. 지배계급의 힘에 대한 이러한 강조는 큰 성공을 거뒀다고 말하고 싶습니다. 80년대 초반의 불황은 미국과 전세계 노동계급을 엄청나게 위협했습니다. 레이건 행정부측의 강경해진 태도 —— 그레나다 침공이 한 예지요 —— 는 "신경제질서"에 관한 제3세계의 진보적인 발언의 기를 꺾어놓았습니다. 미국이 거대한 군사 증강책에 착수하고 군사적으로나 정치적으로 훨씬 더 단호해지는 게 명확했어요.

이 모두는 80년대 초반에 확립됐습니다. 이는 70년대 초반부터 시작된 미국 이윤율의 장기 하락을 끝내는 효과를 낳았습니다. 이윤율이 상승하기 시작했어요. 이러한 이윤율 상승과 전 부문에 걸친 조세 및 규제상의 변화로 대규모적인 상향 소득 재분배가 이루어졌습니다. 주식소유 계급의 관점에서 보자면 정말 놀라운 시대로 접어들고 있었지요.

따라서 강세시장은 처음에는 이 모든 것에 대한 아주 합리적인 반응이었습니다. 이윤이 올라가면 시장도 상승하니까요. 자본 소유자가 되기에는 아주 좋은 시기가 되고 있었습니다. 80년대 내내 이런 일련의 환경이 팽배했습니다.

Q: 주류의 언어를 사용하자면 주식 소득이 올라가서 주식 가치가 오르고 그래서 80년대의 주식시장이 합리적이었다는 건가요?

DH: 맞아요. 그리고 나서 조지 허버트 워커 부시 George Herbert Walker

Bush 시절인 89년에서 93년 사이에 경제가 꽤 활기를 잃고 금융시장이 다소 곤란에 빠진 시기가 도래하죠. 그때 걸프전도 있었죠. 그러나 그게 끝난 후 모든 게 다시 시작됐습니다. 그리곤 클린턴이 집권했고, 최상위 1%에 대한 세금을 올린 걸 빼고는 —— 그가 한 몇 안 되는 훌륭한 일 중 하나였죠 —— 자본의 지배에 대한 정치적 도전이 전무하다는 게 분명했습니다. 민주당 내에 남아있던 골칫거리나 사회민주주의 경향은 전부 패배하고 일소됐습니다. 민주당 지도부 협의회 Democratic Leadership Council의 창립자 중 한 명인 클린턴이 한 몫 단단히 했어요. 클린턴의 재앙 이후에는 국가 의료보험 프로그램에 대한 위협은 끝났습니다. 그리고는 금융 근본주의가 민주당을 장악했고 따라서 강세시장과 자유무역주의자들의 의제에 저항하는 제도적인 길은 전혀 없었습니다. 월스트리트와 주식소유 계급은 아주 만족해하며 계속해서 주식을 사들였죠.

하지만 95년 즈음에는 그런 합리적 상황이 멈추면서 사태가 비합리적으로 흘러 넘치기 시작했습니다. 사람들은 열광적으로 투자하기 시작했어요. 이윤의 상승이 저하됐습니다. 이윤율 수치는 96년에 정점에 달하고 나서 그 후로는 조금씩 내리막길을 걸었습니다.

결국 지난 4, 5년은 대체로 고전적인 거품 형태로 강세시장이 스스로를 먹어치우는 흐름이었습니다. 시장이 상승한다는 이유로 시장이 상승하고 사람들은 점점 더 열광하고 점점 더 거품에 빠져들었습니다.

Q: 미국 주식시장에 연료를 공급하는 데 있어 이른바 해외로부터의 도피자본 flight capital이 한 역할은 어떤가요?

DH: 분명 영향을 미쳤습니다. 아시아 경제 위기는 아시아로 향하던 많은 자본이 방향을 돌려 미국으로 향하게 만듦으로써 중요한 경제적 역할을 했습니다. 94년의 멕시코 위기 또한 비슷한 영향을 미쳤죠. 많은 돈이 라틴아메리카에서 빠져 나와 미국으로 흘러들었어요. 일본과 서유럽의 불경기 또한 이 곳의 돈의 흐름에 공헌했고 결국 시장에서 평가 절상을 낳았습니다.

이와 같은 해외자본의 엄청난 유입 —— 지난 몇 년 동안 한 해에 2, 3천억 달러 —— 은 확장일로의 미국 경제에 추진력을 달아줬어요. 시장을 계속 성장시켰고요. 소비자들은 계속해서 자신들의 수입 이상으로 지출할 수 있었습니다.

금융 말고 정치적인 차원에서는 동구 블록의 붕괴가 낳은 효과들이 확실히 자본가 계급의 확신에 이바지했다고 봐요. 지금으로선 그들의 지배에 대한 눈에 띄는 도전이 전무합니다. 소련의 오류가 무엇이든 간에 적어도 소련은 우리가 뭔가 다르게 일을 처리할 수 있다는 사고를 구현한 거였습니다. 그런 대안 모델이 없어진 건 경제에 대한 국가 규제나 재분배 정책의 모든 형태를 불신하게 만드는 데 소련의 붕괴를 이용한 전세계 자본가들에게는 아주 신나는 일이었죠. 그리고 확실히 러시아의 도피자본은 많은 현금을 주입시켰어요. 아시아, 라틴아메리카, 동유럽, 구소련 등에서 빠져 나온 많은 현금이 미국의 주식시장으로 들어왔죠. 다른 나라들의 이 모든 참화가 미국의 지배계급에게는 굉장한 결과를 주었습니다.

Q: 현재의 국제 경상수지의 지속적인 대규모 적자가 끊임없이 계속될

수 있을까요? 약세시장 bear market이 등장, 미국으로의 자본 흐름을 역전시키거나 적어도 그 유입을 상당량 줄이지 않을까요? 이렇게 될 경우 잠재적인 문제는 뭔가요?

DH: 그게 큰 문제 중 하나이자 오랫동안 있어온 문제입니다. 80년대에 처음으로 문제가 됐고 당시 대중적 우려가 집중된 주제였지요. 적자는 90년대 초반 줄어들다가 다시 큰 수준으로 확대됐습니다. 그 이래로 자금을 동원해서 적자를 메워야 했고 미국의 순 외채는 매년 늘어났어 요. 이제는 더 이상 이에 대해 대중적인 우려의 목소리가 크지는 않지요. 제 생각에 그 이유 중 하나는 80년대와 90년대 초반에는 '쌍둥이 적자' —— 연방예산 적자와 무역 적자 내지 경상수지 적자 —— 에 관해 말하는 게 손쉬운 일이었다는 겁니다. 하지만 경상수지 적자는 계속되 고 심지어 연방정부가 적자에서 흑자로 돌아섰음에도 확대됐습니다. 이 문제가 이제 더 이상 방탕한 공공 부문으로 비난의 화살을 돌릴 수 없어지고 오히려 숭배받는 민간 부문에 그 화살이 돌려져야 하면서, 이런 말은 불편해졌고 이제는 들을 수 없어졌습니다.

　물론 적자가 끊임없이 지속될 순 없겠지만 얼마 동안 계속될지는 말하기 어렵습니다. 적자나 채무가 어디서부터 예측 가능한 위험 수준 에 도달하는지를 콕 찍어주는 마술펜은 없어요. 채권자들이 신경을 곤 두세우면서 오래된 대부금을 차환해주지 않고 신규 대부를 확대해주지 않는 순간이 바로 상황이 어려워지는 때지요. 그런 일이 갑작스럽게 일어나면, 미국에서 심각한 불황이 야기될 테고, 세계 다른 지역들, 특히 지난 20년 동안 미국 시장에 대한 수출에 상당 부분 의존해서 성장해온 라틴아메리카에 예기치 못한 엄청난 결과를 가져올 겁니다.

Q: 주식시장들이 대규모 박차를 가하는 지금 사람들의 눈은 경제적 위험에 고정되어 있습니다. 아마도 훨씬 더한 위험은 파생상품이나 외환 등에 대한 믿기지 않는 규모의 투기에 있을 겁니다. 지금까지 미국 정부는 지난 30년 동안의 신용 위기들에서 신속하고 정력적으로 구멍을 막았습니다. 그러나 세계 금융 투기의 고무줄이 극도로 팽창하는 지금, 이 고무줄이 구출용으로는 너무 가늘어질 가능성은 없습니까?

DH: 제 생각에 제2차대전 이후 자본주의가 만들어낸 진정한 혁신 가운데 하나는 금융 위기를 성공적으로 관리한 것입니다. 제1세계 각국 정부는 계속해서 파산하는 은행들을 구제했습니다. 물론 많은 미국인들은 80년대 후반의 저축대부조합 위기 savings and loan crisis를 잘 알고 있지만, 거의 같은 시기의 서유럽이나 오늘날의 일본에서 비교적 훨씬 더 큰 규모의 많은 유사한 위기가 있었습니다. 80년대 제3세계의 외채 위기와 그에 뒤이은 금융 공황은 그 조정 비용 대부분을 채무국들 자신에게 이전함으로써 관리되었습니다.

제1세계 채권자들을 심각한 손실로부터 보호하고 제1세계 각 국 경제를 심각한 불황이나 그보다 더한 위기에서 막아낸 거지요. 이런 마술이 언제 그 힘을 다하게 될까요? 지금까지의 기록을 보건대 반대쪽에 판돈을 거는 건 무모해 보이지만 정확히는 모르겠습니다. 지난 89년 거품이 터진 후 경제를 재출발시킬 수 없었던 일본조차도 오랜 불경기를 견뎌왔지만 붕괴되지는 않았습니다. 우리는 아직 깨닫지 못하고 있지만, 미국이 현재 일본과 유사한 상황의 초기 단계에 있다고 보아도 전혀 무리는 아닙니다.

Q: 소비 지출이 소득을 훨씬 상회해 왔습니다. 소비가 증가하는 건 제쳐 두더라도 지금 수준으로 유지되기 위해서도 부채가 늘어나야 합니다. 허리띠를 잔뜩 졸라매지 않는다면 기존 부채를 상환하는 데만도 또다른 신규 부채가 늘어나야 합니다. 기업들도 비슷한 상황이지요. 은행들은 기존 채무의 상환 가능성에 대해 우려하기 시작했습니다.

악성 채무가 부풀어나면 어떤 결과가 올까요?

DH: 이건 아주 심각한 문제예요. 2000년 말과 2001년 초에 채권자들이 훨씬 더 신중해지기 시작했다는 몇 가지 증거가 있습니다. 이런 추세가 계속되고 위험한 차용자들에 대한 대부 확대가 거부될 경우, 세계를 유지시키는 연준도 경제를 끌어주지 못할 겁니다. 국제적 상황과 마찬 가지로, 신규 자금의 물꼬가 잠기고 부채가 있는 가계와 기업들이 새로 운 신용의 주입에 의존하는 대신 현재의 소득으로 부채를 상환하기 시작해야 하게 되면, 채무는 심각한 문제가 됩니다. 30년대의 공황이나 90년대 일본의 불경기는 신용기관이 마비되면서 생긴 겁니다.

지금 여기 미국에서 우리가 처해 있는 경제 상황과 유사한 전례가 현대에는 없습니다. (한 번도 충분하지 않았던) 안전망이 갈가리 찢어지 고 있어요. 이게 뜻하는 건 인류에 미친 야만적인 결과는 제쳐두고라도 과거의 "자동 안정장치 automatic stabilizers"가 이제 더 이상 자동적인 안정을 가져오지 않는다는 거예요. 복지 및 실업 보험은 개인 소득에 안전판을 덧붙여 일자리에서 쫓겨나는 사람들을 굶주림에서 구했을 뿐만 아니라 경제 전반이 가라앉지 않도록 어느 정도의 구매력을 유지 시켰습니다. 이제는 더 이상 복지수당 자격 부여도 없고 초기 사이클에 비해 실업 수당을 받을 수 있는 실업자의 비율이 점점 줄어들고 있어요 또한 이제 어느 누구도 정부 지출이 경기 하락을 막을 수 있다고 믿지 않아요. 부시는 엄청난 감세 減稅를 제안하고 있지만 부자들에게만 너무 치우쳐 있어 전반적인 효과는 없을 겁니다. 이건 21세기 초가 19세기 말을 닮아 가는 많은 사례 중 하나에 불과해요.

Q: 마지막으로 하실 말씀은?

DH: 지난 20여 년의 정치 생활에서 우울한 양상들 가운데 하나는 좌파의 그토록 많은 수가 절대적 무력감에 빠졌다는 겁니다. 하지만 제가 보기에 지난 몇 년간 패배주의가 역전되고 있는 듯합니다. 어떤 확신이 커가고 있는 듯해요. 이러한 WTO 반대, 세계은행 반대 운동의 발전은 —— 이 운동의 이른바 "지도자들" 대다수가 갖고 있는 표준적인 분석에 대해서는 일단 유보하더라도 —— 정말 놀라운 광경입니다. 시위에 참여하는 사람들과 말을 나눠보면 모든 종류의 급진적 사고에 대해 굉장히 개방적인 걸 발견하곤 합니다. 지난 수십 년 동안 견뎌온 이 아주 오랜 반동의 시기가 이제 드디어 종언을 고하는 느낌이 들어요. 전 타고난 비관주의자이지만 오랜만에, 아주 오랜만에 정치에 관해 너무나도 낙관적인 느낌이 듭니다.

옮긴이의 말

"미 2/4분기 GDP 성장 8년 만에 최저 … 3분기 연속 2% 밑, 예상 밖 '중증'…." 이 책의 번역 원고를 출판사에 전해주던 날 한 일간지의 국제 면 헤드라인 기사 제목이다.

지난해 4/4분기 1.9%, 올 1/4분기 1.3%에 이어 2/4분기 국내총생산 (GDP)이 0.7% 성장에 그쳤다는 소식은 미국 경제가 예상보다 심각한 지경에 빠져있다는 것을 상징적으로 보여준다는 내용의 기사였다. 뒤이어 경제 전문가들은 잠재 성장률이 4%대인 미국 경제가 2분기 연속 2% 이하의 성장을 기록하면 경기 침체로 규정한다는 해설이 덧붙여졌다. 기사는 이러한 저조한 실적의 원인으로 기업들의 설비 투자, 그 가운데서도 컴퓨터 및 소프트웨어에 대한 투자의 급감과 미국 경제의 버팀목 역할을 했던 소비 지출 성장세 약화 등을 들고 있다. 이 기사 바로 밑에는 "'감원 열풍' 10년 만에 최악 … 주요 기업 또 '4만 명 해고,' 미 JDS '1만6천 명 정리'"라는 기사가 눈에 들어온다. 일주일 만에 정보통신, 반도체 부문에서 10만 명 이상이 일자리를 잃었다는 소식이다.

지난해 하반기부터 미국의 경기 둔화가 계속되면서 미국 경제가 일시적인 숨고르기에 들어갔는가, 아니면 침체 직전의 혼수상태에 빠졌는가를 둘러싸고 이미 열띤 논란이 계속되고 있었기 때문에 이런 소식들은 더욱 우울하다. 문제가 되는 것이 논쟁의 승패 여부가 아니라 우리 나라를 비롯한 전세계 모든 이들의 삶이기 때문이다.

오늘날의 시대가 미국이 지배하는 이른바 전지구적 자본주의 시대라고 칭하는 데 이의를 제기할 만큼 순진한 사람은 이제 많지 않을 것이다. "신경제"의 도래로 "산업시대의 산물인 경기 순환은 이제 시대 착오적인 것"이 되었다는 신경제 예찬론이 득세할 때나 "경기 순환의 세계적 동시화로 미국발 세계 대공황의 위험성이 커졌다"는 비관론이 꿈틀거리는 지금이나 이는 마찬가지이다. 문제는 오늘날의 전지구적 자본주의에서 오직 미국만이, 아니 그 가운데서도 이른바 중산층 이상만이 신경제의 혜택을 누렸던 데 반해 경착륙이라는 어두운 그림자가 던지는 위협은 나머지 모든 사람들을 옥죄어 오고 있다는 사실이다.

이 책의 필자들은 신경제라는 마법의 주문이 실체가 아니라 허구와 환상에 불과하다고 단호하게 주장한다. 때로는 다양한 통계수치를 동원해 신경제론의 논리를 정면으로 논박하고 때로는 비정규직의 확산을 비롯한 노동 현실을 통해 우회적으로 맞받아 치기도 하면서. 경기 순환이 종언을 고했다는 자신감에 찬 선언이 공허한 메아리가 되어버리고 미국 정부와 유수의 경제언론, 석학들이 경기 회복 여부와 그 시기에 촉각을 곤두세우고 있는 지금, 이 책이야말로 "시대착오적인 것"은 아닐까? 그렇지는 않을 것이다. 무엇보다도 이제 우리는 신경제라는 마법의 주문에서 어느 정도 풀려나긴 했지만, 여전히 현실을 투명하게 볼 수 있는 렌즈는 갖고 있지 못하기 때문이다. 지금 조정기를 맞고 있는 것은 미국의 신경제만이 아니다. 투기 중독에서 깨어나 눈을 비비고

있는 사람들이나 자유화, 탈규제, 유연화, 세계화 등 신경제의 경쟁 논리
의 전횡으로 불안한 삶으로 내몰린 사람들이나 불가피하게 조정기를
거쳐야 하기 때문이다.

신경제는 경제 현실, 경제 이론일 뿐만 아니라 정치이자 이데올로기
이다. 신경제 모델만 충실하게 따르면 고성장, 저인플레, 저실업이 어깨
를 나란히 하는 유토피아가 보장되고, "부자 아빠"가 되기 위해 판돈을
거는 투자 규칙만을 궁리하면 유토피아의 시민권이 주어진다는 속삭임
은 언제든 다시 우리 귓속을 맴돌 것이다. 1990년대가 "좋았던 10년"으
로 기억 한 구석에만 남을지, 잠시 동안의 하강 국면을 거친 뒤 다시금
오랜 상승을 구가할지, 아니면 1929년의 세계 대공황과 같은, 아니 그보
다 훨씬 더 끔찍한 공황의 나락으로 빠져들지 예측하기는 어렵다. 세
가지 모두 사실 너무 극단적인 전망일 것이다. 분명한 것은 신경제로
대변되는 오늘날의 미국이 극도의 위험사회, 불평등한 사회가 되었고
따라서 전세계적인 불안정성과 양극화가 확대되고 있다는 사실이다.
세계화와 신경제에 고삐를 채우지 못한다면 미래는 암울할 것이다.

이 책에 수록된 글들은 『먼슬리 리뷰』(2001년 4월)에 "신경제: 신화
와 현실"이란 특집으로 실린 것이다. 한 가지 아쉬운 것은 신경제의
핵심 토대 가운데 하나인 미국 경제의 금융화와 금융시장에 관한 분석
이 단편적이라는 점이다. 그러나 시류에 휘둘리거나 시대를 탓하거나
하는 게 아니라 의연하게 현실을 직시하자는 필자들의 권유는 깊은
울림을 갖는다. 독단적인 말이겠지만, 아무쪼록 이 책이 각종 투자 입문
서들을 뛰어넘어 출판시장에서, 아니 시간의 물결에서 살아남길 바라
마지 않는다. 많지 않은 분량임에도 차일피일 미룬 마감을 기다려주고

이런 '생소한' 책을 선뜻 출판하기로 결정한 '이후' 여러분께 진심으로
감사드린다.

2001년 8월

국제연대정책정보센터